Paul Ginsborg
Italien retten

Paul Ginsborg

Italien retten

Aus dem Italienischen von
Friederike Hausmann und Rita Seuß

Verlag Klaus Wagenbach   Berlin

Wagenbachs Taschenbuch 655
Deutsche Erstausgabe

Politik bei Wagenbach wird von Patrizia Nanz herausgegeben.

© 2010 Paul Ginsborg
© 2011 Verlag Klaus Wagenbach, Emser Str. 40/41, 10719 Berlin
Umschlaggestaltung / Reihenkonzept: Julie August, Berlin. Gesetzt aus der Meridien und der Imago. Vorsatzpapier von peyer
graphic gmbh, Leonberg. Gedruckt auf chlor- und säurefreiem
Papier (Schleipen) und gebunden bei Pustet, Regensburg. Prin-
ted in Germany. Alle Rechte vorbehalten.

ISBN: 978 3 8031 2655 9

Inhalt

Für Norman Hampson

Vorrede

Im Januar 2009 bin ich italienischer Staatsbürger und damit Teil eines Zustroms von alljährlich ungefähr 40.000 eingebürgerten Ausländern geworden. Das reicht nicht, um aus Italien ein multikulturelles Land zu machen, aber es ist immerhin ein Anfang.[1] Während der Zeremonie zur Verleihung der Staatsbürgerschaft ließ mich der damalige Stadtratsvorsitzende von Florenz, Eros Cruccolini, zwei Artikel der Verfassung laut vorlesen und überreichte mir eine italienische Flagge, die Friedensfahne in den Farben des Regenbogens und ein Exemplar der italienischen Verfassung.

Die meisten meiner Freunde waren erstaunt darüber, dass ich mich hatte einbürgern lassen. »Warum machst du das bloß?«, fragten sie entgeistert, »und warum ausgerechnet jetzt?« Einige vergewisserten sich, ob ich denn so vernünftig gewesen sei, die britische Staatsangehörigkeit beizubehalten (tatsächlich erhält man in diesen Fällen fast automatisch die doppelte Staatsbürgerschaft). Der bissigste Kommentar aber lautete: »Naja, Paul, wenigstens kannst du dann künftig gemeinsam mit uns allen sagen: ›Ich schäme mich, Italiener zu sein‹.«

Ich müsste lügen, wenn ich behaupten wollte, dass mich diese Reaktionen überrascht hätten. Ich lebe nun schon seit achtzehn Jahren in Italien und beschäftige mich seit ungefähr vierzig Jahren mit italienischer Geschichte, das müsste wohl ausreichen, um die Denkungsart der Menschen zu kennen. Dennoch hat mich der übereinstimmende Tenor der Kommentare – häufig aus dem Mund sozial engagierter Menschen – zum Grübeln gebracht. In welchem anderen Land der Welt würden die Bürger mit solcher Selbstverachtung reagieren? Gewiss weder Griechen noch Franzosen, weder Amerikaner noch Briten. Welche tief verwurzelten kulturellen Haltungen liegen dieser Reaktion zugrunde? Auf diese Frage gab Carlo Cattaneo mit der ihm eigenen gedanklichen Klarheit 1839 die Antwort, es sei »ein *durch und durch italienisches* Laster, das eigene Land aus einer Art *jähzorniger Vaterlandsliebe* zu schmähen«[2]. Es ist jedoch kaum anzunehmen, dass die übereinstimmende Reaktion meiner Freunde aus einem Übermaß an Vaterlandsliebe zu erklären wäre. Ich habe vielmehr den Eindruck, dass in dieser Haltung eine große Traurigkeit über den gegenwärtigen Zustand des Landes und zugleich eine tiefe Resignation zum Ausdruck kommen.

Titel und Inhalt dieses Buches sollen ein Gegengift gegen solche Einstellungen sein, so verständlich sie auch sein mögen. Es geht mir nicht um ein politisches Programm, obwohl meine Überlegungen viele Elemente davon enthalten, sondern um eine historische Reflexion. Italien bereitet sich auf die Feiern zum 150. Jahrestag des Nationalstaats vor. Aus diesem Anlass, meine ich, ist es interessant, ja sogar erhellend, einige der heutigen Probleme nicht nur mit unseren Augen, sondern mit denen der Generationen des Risorgimento zu betrachten.

Die Geschichte des Risorgimento und damit letztlich auch der Staatsgründung, wie sie in der Schule vermittelt wird, ist nicht sonderlich aufregend. Sie wird allzu oft trocken und als Routinelernstoff – nicht mehr als heroisches Geschehen wie in der Zeit des Faschismus, sondern einfach nur langweilig – dargeboten. Dabei waren die Protagonisten des Risorgimento außergewöhnliche Persönlichkeiten, und ihre Schriften haben auch heute noch viel Aussagekraft. Auf den folgenden Seiten werde ich versuchen, ihre und unsere Antworten auf einige der grundlegenden Probleme Italiens als Nation zu vergleichen.

Die Ansichten und Lösungsvorschläge, die das 18. und 19. Jahrhundert uns hierzu hinterlassen haben, sind natürlich alles andere als hinlänglich und einheitlich. Einige der Probleme, vor denen wir heute stehen, waren für die Intellektuellen des Risorgimento nicht einmal vorstellbar. Dennoch war ich überrascht, wie aktuell ihre Gedanken sind, wie ähnlich ihre und unsere Ängste, auch wenn uns viele Jahrzehnte bewegter nationaler Geschichte trennen. Natürlich verfolge ich weder die Absicht, eine Geschichte des Risorgimento zu schreiben, noch festzulegen, welchen Beitrag die verschiedenen Protagonisten der italienischen Geschichte zum heutigen Zustand des Landes geleistet haben. Vielmehr liegt mir daran, dass sich die Stimmen des Risorgimento – als wären sie uns gegenwärtig – mit den unseren mischen.

Ich habe dieses Buch um den Begriff der *Rettung* strukturiert und die kurzen Kapitel jeweils einem bestimmten Aspekt dieses Problems gewidmet. Das erste Kapitel stellt die ketzerische Frage: »Lohnt es sich, Italien zu retten?« Wenn ja, folgt als Nächstes – in Kapitel zwei – die Suche danach, welche Stelle das *Bel Paese* in der modernen Welt einnehmen sollte. Das dritte Kapitel beschäftigt sich mit der Frage, wovor Italien gerettet werden muss, und das vierte und letzte stellt den menschlichen Faktor in den Mittelpunkt: *Wer* kann Italien retten und *mit welchen Mitteln*? Zu jeder Frage habe ich nach den Antworten des Risorgimento gesucht und sie mit den unseren verglichen. Ich weiß nicht, ob ich damit einen meiner Freunde aus seiner Verzweiflung befreien kann, aber ich wünsche es mir von Herzen.

Ausgehen möchte ich von den Begriffen des *Niedergangs* und *Verfalls*, Zustände, die in der Geschichte der Völker häufig der Rettung und den Bemühungen um Erneuerung vorausgingen.[3] Der Niedergang Italiens ist heute ein hochaktuelles Thema – und war es auch in den ersten Jahren des Risorgimento. Welche Vorstellung vom Niedergang hatten die Zeitgenossen der ersten Jahrzehnte des 19. Jahrhunderts, ungefähr von 1810 bis 1830, als Italien erst noch geschaffen werden musste? Und wie steht es damit in den Jahren 1990 bis 2010, in einem Italien, das längst geschaffen, aber schlecht beschaffen ist?

In der Basilika Santa Croce in Florenz, die zum Pantheon der Größe Italiens geworden ist, liegt zwischen dem Grabmal Machiavellis und Dantes der Dramatiker und Dichter Vittorio Alfieri begraben, der heute weit weniger bekannt ist als seine beiden Landsleute. Antonio Canova hat ihm 1810 ein großartiges klassizistisches Grabmonument errichtet,[4] das von der eindrucksvollen Gestalt einer majestätischen Frau im langen Gewand beherrscht wird. Sie weint verhalten und trocknet sich die Tränen mit einem Taschentuch, während achtlos zu ihren Füßen ein Füllhorn liegt, Sinnbild des Überflusses. Auf dem Kopf trägt sie die Mauerkrone als Zeichen dafür, dass sie eine Stadt oder einen Staat symbolisiert, und damit ist *Italia* gemeint. Diese weder mütterliche noch beschützende, weder jugendliche noch jungfräuliche Verkörperung Italiens ist himmelweit entfernt von *Marianne* mit ihrer entblößten Brust und von *Britannia* mit dem aufgepflanzten Speer, begeisterte aber alle Zeitgenossen. Ugo Foscolo schrieb über sie: »Und schön ist *Italia* auch noch! Schön! Freilich steht sie auf einem Grab.«[5]

Die berühmte Statue Canovas beweint Alfieri, aber auch das Schicksal des Landes, das sie symbolisiert. Dreihundert Jahre zuvor hatte sich zwischen 1494 und 1530 die »große Katastrophe« abgespielt, als die verfeindeten Staaten auf italienischem Boden den einfallenden fremden Mächten die Tore ihrer Städte öffneten. Seit jener Epoche wurden

Niedergang und Verfall für alle augenscheinlich. In seiner berühmten Ode *All'Italia* (›An Italien‹) trauert Leopardi über die längst verflossene Zeit italienischer Größe:

O Vaterland, der Ahnen Mauerbrüstungen
Seh ich und Bögen, Säulen, Bilder, groß
Steht mancher Turm im Land,
Doch seh ich nicht den Ruhm,
Ich seh den Lorbeer nicht und nicht die Rüstungen,
Die unsere Väter trugen. [6]

In der Geschichtsschreibung gibt es keine bessere Schilderung der verlorenen Autonomie und der vergangenen politischen Größe Italiens als die des Genfer Historikers Simonde de Sismondi, der die Toskana zu seiner Wahlheimat machte. In seiner berühmten vielbändigen Geschichte der italienischen Stadtstaaten (1807–1818) nannte er den Verlust der wertvollsten aller Freiheiten, nämlich der Freiheit von Abhängigkeit, den Kern des italienischen Problems.[7] Durch die Fremdherrschaft war Italien als Nation »korrumpiert und kraftlos«, und nachdem sie es in ihre Gewalt gebracht hatten, verachteten die fremden Herren Italien wegen der Feigheit, mit der es sich gebeugt hatte. Die Italiener hatten keine eigene Geschichte mehr: »Ihre unglückliche Geschichte ist nichts anderes als eine Episode in der Geschichte anderer Nationen.«[8]

Die italienischen Patrioten sahen zu Beginn der Restauration vor allem diese Leere, diesen allgegenwärtigen moralischen Niedergang im privaten wie im öffentlichen Leben. 1826 erschien im *London Magazine* unter der Überschrift ›The Women of Italy‹ ein äußerst kritischer Artikel. Der Verfasser wurde nicht genannt, aber der Aufsatz stammte von Ugo Foscolo.[9] Man kann Foscolo beim besten Willen nicht als Musterbeispiel männlicher Tugend bezeichnen, doch seine Kritik an den familiären Umgangs-

und Verhaltensformen der herrschenden Klasse klingt wahrhaftig. Die Mädchen wurden schon im Kindesalter zur Erziehung in Klöster gesteckt, in denen sie nichts anderes über das Leben lernten als »Fanatismus, Heuchelei und Gier«. Auch wenn sie verheiratet waren, waren sie genauso wie ihre Ehemänner keineswegs unabhängig und frei von elterlicher Gewalt. Die Frauen führten ein hohles, leichtfertiges Leben und dachten mehr an ihre Liebhaber als an ihre Familien. Der *Cicisbeo*, der dienstbare Kavalier, der eine verheiratete Frau in der Öffentlichkeit begleitete und häufig auch privat das Bett mit ihr teilte, war in den Augen Foscolos Sinnbild für den moralischen Niedergang Italiens.[10] Über das Ausmaß des Schadens, den derartige Beziehungen für eine künftige patriotische Wiedergeburt Italiens haben würden, stellte Foscolo folgende düstere Überlegungen an:

> Obwohl die Natur dieses Land und seine Töchter vielleicht großzügiger als alle anderen mit den Schätzen des Geistes und des Herzens gesegnet hat, um sie zu Müttern freier Bürger und Ernährerinnen von Patrioten zu machen [...], ließen deshalb die Regierungen und in der Folge auch die Sitten sie so entarten, dass ihr häusliches Leben in ihren Söhnen jede aufkeimende Tugend zerstört.[11]

Die Schwächen der Eliten zeigten sich nicht nur im Rahmen der Familie, sondern auch im kulturellen Leben. 1816 entfachte Madame de Staël, Tochter des ehemaligen Wirtschaftsministers von Louis XVI., Baron Necker, und bedeutende *dame de lettres*, in den literarischen Zirkeln Mailands mit ihrer These, die italienische Literatur klammere sich ausschließlich an die klassischen Vorbilder und sei deshalb völlig erstarrt, eine heftige Debatte. Sie forderte dazu auf, »die neueste englische und deutsche Dichtung sorgfältig zu übersetzen«, um dadurch in Italien die besten Werke der Romantik von jenseits der Alpen bekannt zu machen. Die Friedhofsruhe der Konventionen und des Konformismus müsse durchbrochen werden. Wie sollte Italien aufhören, sein Schicksal zu beweinen, wenn es seine intellektuellen Grenzen nicht öffnete und die kulturellen Neuerungen in Europa nicht wahrnahm?

Die italienischen Literaten reagierten empört. Warum, so fragten sie sich, sollten sie die griechische und römische Mythologie den ungestümen, unübersichtlichen Strömungen nordischer Prägung opfern; warum Homer für Ossian aufgeben?[12] Madame de Staëls Verteidigung übernahmen vor allem drei im Jahr 1816 erschienene Manifeste der frühen italienischen Romantik, von denen sich dasjenige von Giovanni Berchet heute als besonders aktuell erweist. Berchet setzte sich für die Verbreitung einer »volkstümlichen« Literatur ein, deren »Romane«, auf den Ideen der Romantik fußend, ein breites Publikum erreichen und zur Grundlage der politischen Bewusstwerdung der Nation werden könnten. In seiner *Lettera semiseria di Grisostomo al suo figliuolo* (›Halbernster Brief des Grisostomo an seinen Sohn‹) schrieb er: »Abertausende Familien denken, lesen, schreiben, weinen, schaudern und durchleben alle Leidenschaften, ohne dass sie in den Theatern einen Namen haben.« Die Romantik dagegen richte ihr Augenmerk auf das Abweichen von der täglichen Routine, auf das autodidaktische Lernen, die Leidenschaften und die Kultur des Volkes und könne so besonders den Dichtern, aber auch den italienischen Lesern allgemein einen »neuen Horizont« eröffnen, um sie an »andere Gedanken und höhere Ziele« heranzuführen.[13]

»Ihr seid doch Männer und keine Zikaden«, ermahnte Berchet seine Kollegen, denn nur so »werden eure Landsleute euch loben und Fremde wieder bescheiden und mit der alten Hochachtung von euch sprechen«.[14] Wie Italien im Ausland wieder respektiert werden könne, war eines der vieldiskutierten Themen jener Jahre. Die kulturelle Entwicklung Italiens und der Italiener dürfe nicht mehr stagnieren und sich am Rande Europas vollziehen.

Geschichte, Familie, Kultur: Diese drei Bereiche wurden als entscheidend für den Niedergang Italiens wahrgenommen. Aber es waren vor allem politische Vorstellungen und Aktionen, an denen sich die Patrioten maßen und die sie in die Tat umzusetzen trachteten. In den Jahren 1820 und 1821 wurde die gesamte Halbinsel von Revolutionen erschüttert. Im Norden versuchten einige piemontesische Adelige, den jungen Carlo Alberto, damals noch Fürst von Carignano, für die liberale und nationale Sache zu gewinnen. Sie wurden enttäuscht, und viele von ihnen mussten wie Santorre di Santarosa ins Exil gehen, um ihr Leben zu retten. Im Süden hatten sich Neapel, Avellino und große Teile Kampaniens schon mehrere Monate zuvor erhoben. An der Adriaküste zogen die Geheimbündler der Carboneria Lord Byron auf ihre Seite, der damals in Ravenna im Haus seiner letzten Geliebten lebte, der Contessa Teresa Guiccioli. Sie war mit einem sehr viel älteren Mann verheiratet, und Byron übernahm mit selbstironischem Vergnügen die Rolle des dienstbaren Kavaliers. Zugleich unterstützte er die Verschwörung der lokalen Patrioten. Sie scheiterten ebenso wie ihresgleichen im ganzen Land. Eines Morgens, Ende April 1821, als Teresa am Clavicembalo saß und der Dichter mit großen Schritten das Zimmer durchmaß, beklagten sie beide das Schicksal Italiens: »›O weh‹, rief die Frau mit Tränen in den Augen, ›jetzt müssen die Italiener sich wieder der Oper zuwenden.‹ ›Ich fürchte‹, antwortete Byron, ›dies und die Makkaroni sind ihre einzige Stärke.‹« Aber Byron wies außerdem auf eine Konstante in der neueren Geschichte Italiens hin: »Es gibt unter ihnen noch lebhafte Geister.«[15]

Niedergang und Verfall spielen in der öffentlichen Debatte des heutigen Italien eine nicht minder wichtige Rolle. In vielerlei Hinsicht, vor allem wenn es um den moralischen Verfall geht, gibt es Übereinstimmungen mit dem frühen 19. Jahrhundert. Es bestehen jedoch auch wichtige Unterschiede.[16] Der eine ist die gegenwärtige Vorstellung eines *allumfassenden* Niedergangs, das heißt, der Gedanke, dass die ganze Welt gealtert sei und ihrer baldigen Zerstörung entgegengehe. Derartige Ängste waren den Generationen des Risorgimento völlig fremd. Ein weiterer wichtiger Unterschied betrifft den *wirtschaftlichen* Niedergang, von dem sich, wie wir in Kürze sehen werden, die modernen Zeitgenossen aufs Äußerste bedroht fühlen. Ein dritter Unterschied betrifft die Frage der *Religion*, die im Risorgimento im Zusammenhang mit der scharfen Kritik an der katholischen Kirche immer wieder auftauchte, während sie heute praktisch nicht vorkommt. Die – wirtschaftliche, politische und mediale – Macht der Kirche ist in Italien auch heute noch sehr groß, aber nur wenige Menschen nehmen die Sakramente ernst und besuchen die sonntägliche Messe.[17] Heute herrscht ein Gefühl ähnlich tiefer Unzufriedenheit wie vor zweihundert Jahren, aber es ist vielleicht noch tückischer, weil es zur Passivität statt zum Protest führt.

Beginnen wir mit der Familie. Kein großer Schriftsteller kritisiert heute die herrschenden Familienmodelle, wie dies Foscolo tat. Die *Cicisbei* gibt es längst nicht mehr, genauso wenig wie die Erziehung der Mädchen hinter Klostermauern, und dennoch ist ein bohrendes Unbehagen vorhanden. Wird das heutige Familienleben dem Anspruch Foscolos gerecht, die Kinder zu »freien Bürgern« zu erziehen? Ich glaube nicht. In gewisser Hinsicht sind die Familienmitglieder heute freier und besitzen mehr Rechte als in der Vergangenheit – sie können über ihr eigenes Leben bestimmen, reisen und an Wahlen teilnehmen. In anderer

Hinsicht aber sind sie gefangen in den herrschenden Modellen von Konsum und Egoismus, deren Auswirkungen verheerender sind als im frühen 19. Jahrhundert. Die italienischen Familien besitzen große Tugenden – emotionale Wärme, eine starke Generationensolidarität und eine tief verwurzelte Fähigkeit zum Lebensgenuss –; all diese Charakteristika erscheinen demjenigen beneidenswert, der aus dem individualistischen und kälteren Norden stammt. Es mangelt den italienischen Familien jedoch an *staatsbürgerlichen* Tugenden, und das Modell des globalen Marktes, auf dem das Familienleben heutzutage basiert, regt sie keineswegs dazu an, sich ihrer über das Private hinausgehenden Verantwortung stärker bewusst zu werden.

In all dem spielen die Transmissionsmechanismen der modernen Kultur eine entscheidende Rolle. Die wichtigen kulturellen Auseinandersetzungen werden nicht geführt wie die des beginnenden 19. Jahrhunderts, als kleine Gruppen von Literaten heftig über die Verdienste von Romantik und Klassizismus debattierten. Heute spielen sie sich auf der Ebene der Populär- und Massenkultur ab. In 80 Prozent der italienischen Haushalte ist das Fernsehen das vorherrschende Medium für Information, Bildung und Unterhaltung. Das Fernsehen ist aber kein *Mittel* mehr, sondern ein *Subjekt*, und zwar der mächtigste kulturelle Protagonist unserer Zeit. Das Fernsehen ist nicht das absolute Übel, wie Karl Popper in seinen letzten Lebensjahren zu beweisen suchte.[18] In der italienischen Geschichte hat das Fernsehen bei der Schaffung einer einheitlichen Umgangssprache und eines nationalen Gemeinschaftsgefühls eine wichtige Rolle gespielt. Aber wenn die Kontrolle über das Fernsehen in sehr wenigen – und wie im Falle Italiens sogar nur in zwei perfekt manikürten – Händen ruht, dann wird es zu einem äußerst gefährlichen Werkzeug. Es bietet die immer gleiche Mischung aus Soap, Fußball, Show und Reality, unterbrochen von Werbung, die den Zuschauern gnadenlos den kategorischen Imperativ des Konsumkapitalismus einhämmert: »arbeite und gib dein Geld aus«. Das Fernsehen in seiner heutigen Form verführt und betäubt uns alle. Nichts ermutigt uns zu »anderen Gedanken und höheren Zielen«, wie Berchet dies gefordert hatte.[19]

In historischer Perspektive war die 1948 gegründete italienische Republik ein Erfolg – ihre Verfassung ist eine der besten der Welt, die Bevölkerung ist der Armut entwachsen, und nach wie vor betätigt sich ein größerer Anteil der Bevölkerung am politischen Leben als im übrigen Europa. Die italienische Geschichte der letzten Jahrzehnte ist, mit anderen Worten, von wirklichem Pluralismus und realen Fortschritten gekennzeichnet.[20] Und auch wenn die öffentlichen Bildungseinrichtungen immer noch viel zu wünschen übrig lassen, war das republikanische Italien in den mehr als sechzig Jahren seiner Geschichte in der Lage, immer mehr Bürgern eine höhere Bildung zu ermöglichen.

Dennoch werden die Republik und ihre Institutionen nicht geliebt. Wir Heutigen unterscheiden uns besonders in der Art, wie der Staat erlebt wird, von den Vertretern des Risorgimento. Für die Patrioten des frühen 19. Jahrhunderts besaß Italien eine ausgeprägte nationale Identität, eine geographische, sprachliche und kulturelle Einheit, aber es gab keinen Staat Italien. In der Vergangenheit war es nicht gelungen, einen Gesamtstaat zu schaffen, und dieser war in ihren Augen das, was den Italienern am meisten fehlte. Heute hat Italien einen Staat, aber wenig Nationalbewusstsein.

Die beiden Begriffe Staat und Nation sind sowohl theoretisch als auch praktisch eng miteinander verbunden. In Italien ist das Nationalbewusstsein durch einen Staat untergraben worden, der sich häufig als vertragsbrüchig erwiesen hat: Seine Gesetze sind kompliziert und unzuverlässig, seine Verwaltung ist träge und korrupt und seine Justiz von nervenaufreibender Langsamkeit. Der zwölfte Jahresbericht des Forschungsinstituts Demos & Pi *Gli italiani e lo stato* (›Die Italiener und der Staat‹) vom Dezember 2009 beweist, wie stark das Vertrauen der Bevölkerung in die staatlichen Institutionen geschwunden ist: Während der Staatspräsident noch bei 70,3 Prozent der Befragten Vertrauen genoss und das Schulsystem erstaunliche 57,5 Prozent, lag das Vertrauen in das Parlament nur bei 18,3 Prozent und das in die Parteien bei jämmerlichen 8,6 Prozent.[21]

Diese grundlegende institutionelle Unzulänglichkeit ist Ergebnis einer Politik, die auf der Oberfläche von heftigen, manchmal sogar melodramatischen Auseinandersetzungen geprägt ist, aber kaum wirksame Reformen durchführt. Die politische Rechte hat eine – hochgefährliche – personalisierte und populistische Version moderner Politik gewählt. Die Linke dagegen scheint durch die Ereignisse der letzten zwanzig Jahre vollkommen desorientiert zu sein, unfähig, das Ende des Kommunismus zu bewältigen und neue Ideen oder intellektuellen Mut hervorzubringen. Die Tentakel der *partitocrazia*, ein Gemeinschaftswerk der politischen Klasse Italiens, sind bis ins Innerste der Gesellschaft vorgedrungen. Sie kontrollieren deren Ressourcen und verteilen sie auf äußerst zweifelhafte Weise.

Die Reaktion auf diesen Zustand nahm in den Jahren 1992 bis 1994 nicht die Form einer Revolution an – Revolutionen sind ja heute selten geworden –, sondern die einer hauptsächlich von der Justiz geführten Kampagne zur Säuberung des öffentlichen Lebens. Kurze Zeit stand Italien in Europa mit seiner relativ unabhängigen Justiz im Kampf gegen die Korruption in Politik, Wirtschaft und Verwaltung an vorderster Front. Die Ereignisse der Jahre 1820 bis 1921 und 1992 bis 1994 sind natürlich in vieler Hinsicht sehr unterschiedlich, weisen aber dennoch erstaunliche

Analogien auf. Die jeweiligen Protagonisten wollten das öffentliche Leben Italiens auf ganz neue Grundlagen stellen: Im 19. Jahrhundert ging es ihnen um die Verfassung, am Ende des 20. Jahrhunderts um die Legalität. Doch in beiden Fällen waren die Kräfte der Erneuerung innerhalb der Gesellschaft viel zu isoliert, um dauerhafte Erfolge zu erzielen. In den Jahren 1992 bis 1994 war diese Isolation politischer Natur, weil die ehemalige kommunistische Partei nicht in der Lage war, die historische Chance zu ergreifen und sich an die Spitze einer reformbereiten Koalition zu stellen. Vor allem aber mangelte es an der aktiven Teilnahme großer Teile der Bevölkerung. Die Vertreter der Justiz verlangten eine allgemeine Rückkehr zur Legalität. Das aber hätte viele Menschen gezwungen, sich ernsthafte Fragen über ihr eigenes Verhalten zu stellen und zu überlegen, inwieweit die herrschende politische Kultur nicht auch *ihre eigene Kultur* war.

Das Scheitern der Bemühungen von 1992 bis 1994 zeigt, dass Sismondis Charakterisierung Italiens als »korrumpiert und kraftlos« auch heute noch zutrifft und ebenso gültig ist wie 1833. Während die Zeitgenossen im 19. Jahrhundert einen Dauerzustand des Verfalls beklagten, spürt man heute deutlicher denn je einen rapiden Niedergang. In den Jahresberichten der Berliner NGO Transparency International zur Korruption im internationalen Maßstab verliert Italien ständig an Boden: Vom 31. Platz im Jahr 2002 ist es 2008 auf den 55. und 2009 sogar auf den 63. Platz abgerutscht. Inzwischen liegt Italien hinter der Türkei, Kuba, Namibia, Samoa, Jordanien und Bahrein, um nur einige Länder zu nennen.[22] Die Regierungen unter Berlusconi, die das letzte Jahrzehnt von 2001 bis 2006 und von 2008 bis 2010 beherrschten, vermittelten nie den Eindruck, sich über diese dramatische Verschlechterung der öffentlichen Moral Sorgen zu machen. Zahlreiche Gesetze richteten sich im Gegenteil gegen Transparenz, Konkurrenz und Kontrolle und leisteten einem zügellosen, auf Klientelismus basierenden Kapitalismus Vorschub, beispielsweise mit der Strafminderung für Bilanzfälschung, den wiederholten Amnestien für Bausünder, den neuen Normen für große Bau- und Infrastrukturmaßnahmen der öffentlichen Hand und der erleichterten Rückkehr illegal exportierten Kapitals durch Herabsetzung der Strafzahlungen.[23]

Im Rahmen dieses Sinkens der öffentlichen Moral muss die ständige Expansion krimineller Organisationen in ganz Italien gesehen werden. Früher konzentrierte sich die Aufmerksamkeit der Weltöffentlichkeit und wissenschaftlicher Studien auf die sizilianische Mafia. Das ist heute anders. Die Ausbreitung mafiöser Strukturen in Teilen Apuliens, Kampaniens und Kalabriens, die in der Vergangenheit weitgehend immun gegen die Mafia waren, außerdem die immer zahlreicheren Verbindungen der kriminellen Gruppen zu Wirtschaftskreisen in Mittel- und Norditalien und die alle gesellschaftlichen Ebenen erfassende Korruption, die Roberto Saviano in seinem berühmten Buch *Gomorrha* beschrieben hat, sind Beweis für das Wuchern eines Krebsgeschwürs, wie es in den ersten Jahrzehnten des 19. Jahrhunderts nicht existierte.

Angesichts dieses dramatischen Zustandes der gesellschaftlichen Moral – der nach radikalen Reformen verlangt – kann der Historiker nur erstaunt beobachten, dass die führenden Eliten des Landes sich einzig und allein auf Fragen der Wirtschaft konzentrieren. Wir werden mit einer Fülle von flüchtigen Parametern wie den täglichen Börsenkursen und einer Vielzahl von langfristigen Daten wie den Wachstumsraten des Bruttosozialprodukts allgemein oder pro Kopf der Bevölkerung überschüttet. Insgesamt zeugen diese Wirtschaftsdaten von einem langsamen, aber unaufhaltsamen Abstieg Italiens, während die Zahlen zum

20

Welthandel einen deutlichen Rückgang des prozentualen Anteils italienischer Waren und Dienstleistungen in den letzten Jahrzehnten zeigen.[24]

Der wirtschaftliche Wohlstand zählt – und er ist unzweifelhaft eine der tragenden Säulen, auf die sich die Geschichte der Nationen stützt. Aber er kann nicht der einzige Maßstab für den Vergleich des Wohlstandes sein. Adam Smith war ein bedeutender Wirtschaftswissenschaftler, zugleich war er auch Philosophieprofessor an der Universität Glasgow. Er schrieb 1776 sein Buch über den *Wohlstand der Nationen,* aber 1790 auch eine *Theorie der ethischen Gefühle.* Mehr denn je zeigt sich heute die Notwendigkeit, wieder die Verbindung zwischen Wirtschaft und Moral herzustellen und sie zum Maßstab für die Beurteilung der Regierungstätigkeit zu machen.[25]

Im Übrigen zählt nicht nur die *Masse* des Reichtums, denn Italien gehört trotz seines relativen Zurückbleibens nach wie vor zu den zehn größten Volkswirtschaften der Erde, sondern auch die *Verteilung.* Auch wenn die Einkommensunterschiede zwischen Arm und Reich in Italien in den letzten drei Jahrzehnten nicht so dramatisch gestiegen sind wie in Großbritannien und den Vereinigten Staaten, sind sie doch ziemlich groß.[26] Für jedes demokratische Staatswesen, das diesen Namen verdient, ist die Schere zwischen Arm und Reich ein entscheidendes Kriterium, und dies umso mehr, als neuere Studien gezeigt haben, dass das Bruttosozialprodukt pro Kopf der Bevölkerung ein weit weniger aussagekräftiger Indikator für allgemeinen Wohlstand ist als der Abstand zwischen den 20 Prozent der Reichsten und den 20 Prozent der Ärmsten der Bevölkerung. Das Unbehagen in der Gesellschaft ist proportional zur Größe dieses Abstandes. Auf dieses Thema werde ich detailliert im übernächsten Kapitel zu sprechen kommen.[27]

Kehren wir zurück zu Canovas *Italia*, die über dem Grab von Alfieri weint. Keine Personifikation Italiens könnte meiner Meinung nach von dem heute in Italien vorherrschenden *gender model* weiter entfernt sein als diese Gestalt. Obwohl die italienischen Frauen heute besser ausgebildet sind und mehr Freiheiten und mehr Rechte genießen denn je, stehen sie immer noch am Rande der von Männern dominierten öffentlichen Sphäre. Dabei geht es nicht nur um die dringende Notwendigkeit der Gleichstellung. Das kommerzielle Fernsehen Italiens hat von Anfang an ein in Europa einzigartiges, rückwärtsgewandtes Frauenbild transportiert. Die frei empfangbaren Fernsehprogramme sind dominiert von männlichen Showmastern und Komikern mittleren Alters, die reden und den Ton angeben, umgeben von spärlich bekleideten Assistentinnen, deren Aufgabe darin besteht, wortlos zu lächeln, zu tänzeln und zu applaudieren. Die Kamera nimmt sie von hinten und von unten auf, um ihre anatomischen Reize möglichst gut zur Geltung zu bringen. Dem erotischen Blick der Männer wird in der Öffentlichkeit nirgends sonst in derart grober und infantiler Weise Genüge getan und die Frau so offensichtlich zum Objekt degradiert wie in Italien.[28] Manchem Leser mag dieser Aspekt nebensächlich erscheinen, aber es gibt keinen besseren Indikator für das Wohl und Wehe einer Nation und für ihr Verständnis der Geschlechterbeziehungen.

Am 19. November 1810 schrieb der Schweizer Historiker Sismondi an die Comtesse Albany, wie sehr ihm das Grabmonument in Santa Croce gefalle, das die Adelige in Auftrag gegeben hatte. Er bezeichnete die Personifikation der *Italia* als von »seltener Schönheit, anrührend und edel« wie eine »trauernde Königin«. Doch er bemerkte auch, dass sie nicht integraler Bestandteil des Grabmals sei, sondern als »Zuschauerin« daneben stehe und Teil »der Menge« sei, die »über den Tod des großen Mannes trauert«.[29] Metaphorisch wenden wir uns an dieses Bild der *Italia* neben dem Grab. Es wird Zeit, dass sie zu weinen aufhört, ihr Taschentuch beiseitelegt, das Füllhorn ergreift und in ihrer ganzen Erhabenheit durch die auf der Piazza Santa Croce versammelte Menge schreitet. Im Guten wie im Bösen wird sie von ihrem Land erwartet.

Lohnt es sich, Italien zu retten?

Als Erstes muss die in der Überschrift gestellte Frage beantwortet werden. Derart unverblümt formuliert, läuft sie Gefahr, das Misstrauen all derjenigen zu wecken, die sich als gute Patrioten betrachten, angefangen mit dem Staatspräsidenten. Doch der in dieser Frage ausgedrückte Zweifel ist historisch durchaus gerechtfertigt und keineswegs leicht zu zerstreuen, denn er eröffnet ein weites Feld für Diskussionen. Vielleicht errege ich weniger Anstoß, wenn ich die Frage allgemeiner formuliere: Lohnt es sich, die Nationalstaaten zu retten? Aus der Geschichte lässt sich keine eindeutige Antwort ableiten.

»Die tröstliche Lehre des Fortschritts«

Beginnen wir mit den Intellektuellen des Risorgimento, deren Stimmen diesem Buch zugrunde liegen. Sie gaben, wie zu erwarten, ohne Zögern eine positive Antwort auf unsere Frage. Italien durch die Schaffung eines Nationalstaats zu retten war die *raison d'être* ihres politischen Engagements und das Ideal, dem viele von ihnen ihr Leben zu opfern bereit waren. Um dieser Überzeugung willen wurde zum Beispiel der neapolitanische Patriot Luigi Settembrini wegen seiner Teilnahme an der 1848er Revolution zu lebenslanger Haft verurteilt. Er saß fast zehn Jahre im Gefängnis der Insel Santo Stefano und wurde, als er mit anderen politischen Gefangenen nach Amerika deportiert wurde, auf abenteuerliche Weise befreit. Sein Sohn entführte das Schiff und brachte den Kapitän dazu, die Gefangenen in Cork im Süden Irlands an Land gehen zu lassen. Settembrini, der 1873 zum Senator des neuen Königreichs Italien ernannt wurde, hegte keinerlei Zweifel an der Berechtigung der von ihm und seinen Mitstreitern gebrachten Opfer. In einer Rede vor neapolitanischen Schülerinnen stellte er fest, dass seine Generation die Einheit und Unabhängigkeit Italiens in weniger als einem halben Jahrhundert verwirklicht und damit eine für unmöglich gehaltene Aufgabe bewältigt habe. Während der langen, dunklen Jahre der Unterdrückung und des Kerkers, fern von seinen heranwachsenden Söhnen, »waren wir Opfer jeder Art von Ungerechtigkeiten und Demütigungen«. Viele Patrioten waren gefallen, darunter »zwei vornehme Neapolitanerinnen, die ein edles Herz und eine glückliche poetische Ader besaßen: Eleonora Fonseca, die 1799 am Galgen endete, und Giuseppina Guacci, die 1848 an gebrochenem Herzen starb«. Trotzdem gelang es vielen, schließlich »das neue Morgenrot« zu erleben und »die heilige Flamme der Freiheit« zu entzünden. Settembrini beschreibt diesen Weg mit Worten, die an die christliche Abfolge von Leiden, Martyrium und anschließender Erlösung erinnern.[30]

Die Bildung des Nationalstaats ging somit für Settembrini und seine Zeitgenossen mit dem Fortschritt der Menschheit Hand in Hand. Diese Überzeugung war allen politischen Richtungen des Risorgimento gemeinsam und einte, wenn auch in unterschiedlicher Interpretation, Männer wie Camillo Cavour, Carlo Cattaneo, Giuseppe Mazzini und Daniele Manin. Am beredtesten wurde diese Ansicht ohne Zweifel von Carlo Cattaneo vertreten, dem Universitätslehrer, der gegen seinen Willen die Mailänder Erhebung im März 1848 angeführt hatte und nach ihrem Scheitern nach Lugano ins Exil gehen musste. In einem Brief an die *Times* vom 12. Januar 1859, als die italienische Krise ihren Höhepunkt erreichte und ganz Europa beunruhigte, nannte Cattaneo die Idee der Nation den »höchsten moralischen

Ausdruck unserer Epoche«.[31] Für ihn und viele Intellektu-elle des 19. Jahrhunderts bewegte sich die Geschichte in die richtige Richtung, und die Bildung der Nationalstaaten leis-tete dazu einen wesentlichen Beitrag.

Cattaneos Geschichtstheorie, die für unsere Betrachtung große Bedeutung hat, wandte sich gegen das traditionelle (von Campanella bis Machiavelli und Vico vertretene) Ver-ständnis von Geschichte als einem »schicksalhaften Kreis-lauf«, dem die Menschheit nicht entrinnen könne. Auf die Größe der Reiche und den Fortschritt der Menschheit folgen in diesem Geschichtsbild unausweichlich Niedergang und Verfall; die Geschichte bewegt sich in Form von Spiralen, die die Menschheit nur erheben, um sie dann wieder abstürzen zu lassen. Cattaneo dagegen glaubte an eine Dynamik, die er in einer packenden Formulierung als die »tröstliche Lehre des Fortschritts« bezeichnete.[32] Seit der Französischen Re-volution habe die Menschheit, so argumentierte er, außer-ordentliche Fortschritte gemacht. Es gebe keine Anzeichen von Rückschritt, keinen Beweis dafür, dass der »schicksal-hafte Kreislauf« der Geschichte in Gang gekommen sei und die Menschheit wieder vor einer dunklen Epoche stehe. Im Gegenteil. Das 19. Jahrhundert erlebe die Morgenröte einer neuen Ära technischer und politischer Entwicklung, deren Voranschreiten man überall »an der ungeheuren Zunahme des Lichts und dem Triumph der Ideen« erkennen könne.[33]

Doch die »tröstliche Lehre des Fortschritts« wurde je-denfalls von Cattaneo nicht als linear, verklärend und sim-plizistisch verstanden. In einer glänzenden, vielschichtigen Passage erläutert er, dass der Fortschritt »indirekte und ge-wundene Wege« einschlage und die Menschheit »auf dem Weg zu Wissenschaft und Kultur« von einem Fehler in den nächsten und von einem Exzess in den anderen stolpern könne. Diese schrecklichen Schwankungen der Geschich-te und ihre unvorhersehbaren Auswirkungen waren für

Cattaneo feste Bestandteile der Dynamik, die aber schließlich doch vorwärtsdränge.

> Wie oft führten die Gewalttaten von Fanatikern unerwartet zu Toleranz, wie oft entstand durch Unterdrücker die moralische Kraft, die zur Befreiung führte, wie oft begründeten Stadtstaaten die Macht und den Glanz von Monarchien, und wie oft bereitete die Konzentration der Macht im Staat das Feld für die Freiheit des Volkes![34]

Dieses Geschichtsbild war 1839 – als Cattaneo es niederschrieb – wahrhaft tröstlich, und ist es auch heute noch.

Andere führende Gestalten des Risorgimento übernahmen die Vorstellung vom Fortschritt der Geschichte, allerdings in anderer Form und ohne die intellektuelle Schärfe Cattaneos. Camillo Cavour ist dafür ein gutes Beispiel. In einer berühmten Rede, die er wenige Wochen nach Cattaneos Brief an die *Times* am 9. Februar 1859 hielt, vertrat er dieselbe These auf seine Weise.[35] Das politische Credo und der politische Einfluss der beiden Männer waren sehr unterschiedlich: Während der Monarchist Cavour über ein großes Netz diplomatischer Beziehungen in ganz Europa verfügte, fand der Republikaner Cattaneo, der im schweizerischen Exil lebte, in seiner Heimat wenig Gehör und spielte für das Risorgimento nur eine untergeordnete Rolle. Beide waren jedoch anglophil – Cattaneo hatte eine Irin namens Anna Woodcock geheiratet, und Cavour galt, wie er selbst sagte, als »geradezu angloman«.[36] In seiner Rede vom Februar 1859 äußerte sich Cavour über den unausweichlichen geschichtlichen Fortschritt erstaunlich ähnlich wie Cattaneo, betrachtete aber die öffentliche Meinung Englands als dessen entscheidenden Motor. Die englische Öffentlichkeit war für die Unabhängigkeit Irlands und die Befreiung der schwarzen Sklaven eingetreten und würde dies auch für die Unabhängigkeit Italiens tun:

Ich weiß aus Erfahrung, dass sich beim englischen Publikum die Sache der Gerechtigkeit und Wahrheit immer durchsetzt; ich weiß, dass freiheitliche Grundsätze, edle und gerechte Anliegen bei diesem großherzigen Volk glühende und beredte Verteidiger finden […]. Es kann lange Auseinandersetzungen geben, aber der Ausgang ist sicher. Ich erinnere mich an den langen Kampf für die Unabhängigkeit Irlands, die endlich triumphal erreicht wurde, und ich erinnere mich an den noch längeren, noch härteren Kampf, der zur Emanzipation der schwarzen Rasse führte, diese große Sache, der die mächtigen Interessen der Siedler und die Vorurteile des gesamten englischen Handels entgegenstanden. Die Sache Italiens, meine Herren, wird ebenso wie die Sache Irlands und der schwarzen Rasse diese großherzigen Menschen bewegen (*mit Emphase*). Sie wird vor dem Richterstuhl der öffentlichen Meinung Englands bestehen (*heftige Reaktionen*).[37]

Das Risorgimento hatte also eine klare Vision: Die Einigung Italiens und die Wiedergeburt des Landes nach Jahrhunderten der Knechtschaft und des Verfalls waren außerordentliche Ereignisse, die den Fortschritt der Menschheit in der Moderne kennzeichneten.

»Die Grundkonstellationen«

Leider ist die Geschichte hier nicht zu Ende. Der Nationalismus[*] besitzt dunkle Seiten, an denen auch Italien teilhat.

[*] Der Begriff Nationalismus wird im Sinne der umfangreichen wissenschaftlichen Diskussion zu diesem Thema gebraucht als »politisches Prinzip, das besagt, politische und nationale Einheiten sollten deckungsgleich sein.« Vgl. Ernest Gellner, *Nationalismus und Moderne*, Rotbuch, Berlin 1991, S. 8. (Anm. d. Ü.)

Das nationalistische Denken – jede Art von Nationalismus – teilt die Welt in »Wir« und »Die« und bringt ununterbrochen den »Anderen« hervor, der zu fürchten, zu hassen oder zu bekämpfen ist. Die nationale Identität wird zu einem System von absoluten Werten, dem sich alles Übrige unterordnen muss. Das nationalistische Denken »naturalisiert« den Nationalismus, das heißt, er lässt ihn so natürlich erscheinen wie die Luft, die wir atmen. Der österreichische Sozialdemokrat Otto Bauer schrieb schon 1924, wenn wir bei dem Begriff Nation an unser Vaterland dächten, an unser Elternhaus, an die Spiele der Kindheit, an die geliebte Lehrerin in der Grundschule und an den ersten Kuss, dann durchströmte uns Wohlbefinden.[38] Doch der Prozess endet nicht mit der unschuldigen Beschwörung der Zugehörigkeit. Am Ende wird die Nation mit dem Ich gleichgesetzt, und das bringt die Menschen (und vor allem die Männer) dazu, für die Nation zu töten oder zu sterben. In einem erschütternden Buch über den amerikanischen Nationalismus gehen dessen Autoren der Frage nach, was die amerikanische Nation zusammenhält, und kommen zu dem Ergebnis, es sei das Blutopfer. »Um derart starke Gefühle zu schaffen, dass eine Gruppe zusammenhält, muss in regelmäßigen Abständen ein signifikanter Teil der Gruppe freiwillig in den Tod gehen. [...] Dieses Ritual findet seinen höchsten Ausdruck im Krieg.«[39]

In seinen innovativen Studien über das nationalistische Denken in Italien und Europa im 19. Jahrhundert hat Alberto Mario Banti viele Schattenseiten des Nationalismus untersucht, die wir gern vergessen würden, die aber allgegenwärtig sind.[40] Banti definiert den »Raum der Grundkonstellationen«, in denen sich die Nation darstellt. Zunächst und vor allem ist sie eine große Familie im erweiterten Sinn, die in der Vergangenheit wurzelt und in die Zukunft weist. Daher wird Nation verstanden als durch Blutsbande gestiftete gemeinsame Herkunft und drückt sich aus in gemeinsamen ethnischen Eigenschaften, in derselben Sprache und denselben historischen Erinnerungen. In dieser Form beansprucht die Nation ein bestimmtes Territorium, dessen Grenzen Gegenstand heftiger Auseinandersetzungen und sogar von Kriegen mit den zu Feinden gewordenen Nachbarn sein können (und sehr oft auch sind).

Die zweite Grundkonstellation ist die, in Liebe, Ehre und Tugend vereint zu sein. Die Aufgabe der Männer und Krieger der Nation ist es, die Ehre der geliebten Menschen, vor allem weiblichen Geschlechts, zu verteidigen. Die Notwendigkeit, die Reinheit und Ehre der Frauen der Nation zu schützen und die von den Feinden an ihnen verübte sexuelle Gewalt zu rächen, taucht in der Narration der Nation immer wieder auf.

Im Mittelpunkt der dritten Grundkonstellation stehen die Sakralität und das Opfer, das ins Reich des Leidens, der Trauer und des Todes führt. Die Nation wird als heilig verehrt, und das Land kann nur von einer langen Reihe von Märtyrern gerettet werden. Das ist der Sinn der eingangs zitierten Worte des neapolitanischen Patrioten Settembrini. Im christlichen Europa stößt die Beschwörung von Leiden und Tod zur Errettung der Mitmenschen natürlich auf große Resonanz. Nationalismus ist ein weit weniger weltliches Credo, als viele von uns glauben möchten.[41]

Nationen unter diesen Gesichtspunkten zu betrachten, ihre dunkle Seite anzuerkennen und diese Grundkonstellationen zu überprüfen, ist ein heilsames und notwendiges Gegengift gegen unbedachten Nationalstolz. Dennoch äußern die Historiker berechtigte Skepsis gegenüber allen Versuchen, ein einheitliches, statisches und unveränderliches Modell für den Nationalismus und seine praktische Umsetzung festzuschreiben. Die Konzepte von Nation und Nationalismus besitzen zwar wichtige Elemente der Kontinuität, ändern sich aber im Laufe der Zeit.

In der italienischen und europäischen Geschichte des 19. Jahrhunderts lässt sich eine entscheidende Wende um die Jahrhundertmitte feststellen. In den Utopien des »Völkerfrühlings« von 1848 herrschte der Gedanke vor, dass jede Nation auf eine Zukunft in Unabhängigkeit und Frieden zusteuere. Im Königreich Lombardo-Venetien kam es zu spontanen Aufständen gegen die habsburgische Herrschaft. Am 22. März 1848 stand Daniele Manin, ein Rechtsanwalt jüdischer Herkunft, in Venedig als Anführer der Aufständischen, umgeben von Arbeitern des Arsenale und mit der Trikolore geschmückten Bürgersöhnen, auf einem Kaffeehaustisch der Piazza San Marco und verkündete die Wiedergeburt der Republik Venedig. In seiner Rede versprach er Brüderlichkeit, Gewaltlosigkeit, Föderalismus und eine gemäßigte Regierung:

> Wir sind frei, und wir können uns rühmen, doppelt frei zu sein: Wir sind frei, ohne einen Tropfen Blut unserer Brüder vergossen zu haben, denn ich betrachte alle Menschen als Brüder. Doch es genügt nicht, das alte Regime gestürzt zu haben; wir müssen auch ein neues schaffen, und als am besten geeignet erscheint uns die Republik, die an unsere ruhmreiche Vergangenheit anknüpft und sie durch die gegenwärtigen Freiheiten verbessert. Damit wollen wir uns nicht von unseren italienischen Brüdern trennen, sondern eines jener Zentren bilden, die nach und nach zum Zusammenschluss in einem geeinten Italien führen. Es lebe die Republik! Es lebe die Freiheit! Es lebe San Marco![42]

Ein Flugblatt der »Italiener der Lombardei und Venetiens« vom 9. April 1848, das sich an die »Deutschen Österreichs« richtete, brachte einen ähnlichen, von der bevorstehenden Versöhnung der gesamten Menschheit überzeugten Nationalismus zum Ausdruck:

Ihr Deutschen kehrt ruhmvoll in die große germanische Familie zurück; wir Italiener in unsere liebe italienische Familie. Es ist nicht mehr von Unterdrückern und Unterdrückten die Rede, nicht mehr von Hass und Groll; wir sind alle frei und werden alle Freunde und Brüder sein.[43]

Cattaneo fasste in unnachahmlicher Weise die Überzeugungen der Zeitgenossen jenes historischen Augenblicks zusammen: »Jede Nation«, schrieb er, »sieht, dass die Freiheit der anderen Nationen die notwendige Voraussetzung der eigenen ist.«[44]

Doch nur in wenigen flüchtigen Augenblicken der Geschichte nahm der Nationalismus einen solchen Tonfall an. Auch in den Jahren 1848/49 finden wir bereits nationale Bewegungen, die auf demselben Territorium um die Hegemonie kämpfen: Ungarn gegen Slawen und andere Minderheiten in Ungarn, Deutsche gegen Polen. In den Jahrzehnten nach der Niederlage der 1848er Revolution (Venedig fiel als letzte Stadt Europas im August 1849) vollzogen sich entscheidende Veränderungen im Charakter des nationalen Denkens. Zum einen vervielfältigten sich in ganz Europa die Versuche verschiedener Volksgruppen, sich als Nation zu definieren, und führten zu großer politischer Instabilität. Zum anderen entstanden neue Theorien von rassischer Über- und Unterlegenheit. Gleichzeitig vergiftete die Anwendung der Theorien Darwins von der Durchsetzungskraft des Stärkeren auf die menschliche Gesellschaft in Form des Sozialdarwinismus die Idee des Nationalismus. Nationen wie Italien gingen schnell von einer Phase der nationalen Befreiung in eine Phase der internationalen Konkurrenz über. Der Antagonismus nahm nicht nur die Form von Grenzstreitigkeiten an, sondern führte zu immer heftigeren Spannungen im Weltmaßstab, seit die mächtigsten Nationalstaaten Teile der noch nicht eroberten außereuropäischen Welt für sich beanspruchten. Der Historiker Peter Gay hat deshalb den dritten Band seiner großen Studie über die bürgerliche Kultur des 19. Jahrhunderts *The Cultivation of Hatred* betitelt, da die imperialistischen Rivalen auf ein tragisches Blutbad von bisher ungekannten Ausmaßen zusteuerten: den Ersten Weltkrieg.[45]

Ein großer Teil der Geschichte des 20. Jahrhunderts hat mit dieser schrecklichen Vergangenheit nicht gebrochen, sondern sie bestätigt und insofern verstärkt, als die Feinde nicht mehr nur außerhalb, sondern auch innerhalb der nationalen Grenzen ausgemacht wurden und die Nationalstaaten über nie gekannte Ressourcen der Kontrolle und Repression verfügten. »Der Andere« wurde vor allem nach rassischen, aber auch nach politischen Kriterien und nach der sexuellen Orientierung definiert. Kulaken, Juden, Armenier, Homosexuelle, Zigeuner usw. wurden zu Feinden erklärt. Auch um den Preis von Millionen Menschenleben musste das nationale Territorium von allen fremden Elementen gesäubert werden. Erst ein weiterer, sechs Jahre dauernder Weltkrieg rettete die Menschheit vor den todbringenden Plänen von Nationalsozialismus und Faschismus. Aber in der Zwischenzeit wurden Waffen entwickelt, die die gesamte Menschheit ausrotten können. Heute, zu Beginn des 21. Jahrhunderts, hat Cattaneos »tröstliche Lehre des Fortschritts« ihre Faszination und ihren Wahrheitsgehalt eingebüßt. Und auch die Theorie vom Kreislauf der Geschichte, wie sie Vico entwickelt hat, lässt sich nicht mehr anwenden. Trotz aller Fortschritte im Bereich von Medizin und Wissenschaft, Bildung und Kommunikation scheint sich die Menschheit auf dem Abstieg zu befinden und der Selbstzerstörung entgegenzugehen. Der Nationalismus spielte in diesem Prozess eine alles andere als zweitrangige Rolle. Fast immer setzten sich die Interessen einzelner Nationalstaaten gegenüber Zielsetzungen zum Wohle der gesamten Menschheit durch.

Patriotismus und Nationalismus

Wenn Nationen sich fast immer so verhalten haben – und wenn auch das fortschrittliche Großbritannien, das Cavour so sehr schätzte, in seiner langen imperialistischen Geschichte seine Hände allzu oft mit Blut besudelt hat –, wie lässt sich dann rechtfertigen, sie zu retten und zu stützen?

Die Vertreter des Risorgimento hatten, das gilt es im Auge zu behalten, nicht die Last solcher negativen nationalen Geschichten zu tragen. *Ihre* Vergangenheit zu überwinden, die sie als Epoche jahrhundertelanger Demütigung, Teilung und Sklaverei empfanden, war ohne Zweifel überaus schwierig, aber in moralisch-politischer Hinsicht relativ einfach. Man musste die Würde der Nation wiederherstellen, den Boden des Vaterlandes von der Fremdherrschaft befreien und es den Italienern ermöglichen, über ihr Schicksal selbst zu entscheiden. *Unsere* Vergangenheit verlangt sehr viel komplexere Lösungen. Es genügt jedenfalls nicht, Plastikfähnchen in den Nationalfarben zu schwenken und die mittelmäßige Melodie zu den Versen des liebenswerten Goffredo Mameli zu singen.[46]

Die umfangreichen internationalen Publikationen zur negativen Geschichte der Nationen unterscheiden zunächst einmal grundsätzlich zwischen Nationalismus und Patriotismus.[47] Diese Unterscheidung findet sich bei mehreren bedeutenden Autoren des 20. Jahrhunderts, die während der krisengeschüttelten dreißiger Jahre und des Zweiten Weltkriegs die Frage der nationalen Loyalität überdachten.

Im Mai 1945 zog George Orwell in seinem Aufsatz *Notes on nationalism* (›Anmerkungen zum Nationalismus‹) erstmals eine wichtige Trennlinie zwischen den beiden Begriffen. Unter Patriotismus versteht er die Bindung an einen bestimmten Ort und eine bestimmte Lebensform, »die man für die beste der Welt hält, ohne sie den anderen aufdrängen zu wollen«. Der Begriff ist so sowohl militärisch als auch kulturell im Wesentlichen defensiv konnotiert. Nationalismus dagegen sei »untrennbar mit Machtstreben« verknüpft. Dieser an sich aggressive und expansionistische Wesenszug verlange, dass die Nationalisten ihre Individualität und ihr eigenes Urteilsvermögen aufgeben.[48] Patriotismus ist für Orwell Ausdruck eines inneren Gefühls, während Nationalismus kaum verhüllten Hass nach außen projiziert.

Patriotismus nimmt bei Orwell die Form einer verzweifelten Liebe zu England an, die er als eine »Familie mit dem falschen Oberhaupt« versteht, regiert von »verantwortungslosen Onkeln und kranken Tanten«.[49] Bei seiner Rückkehr aus Spanien, wo er auf Seiten der Republikaner im Bürgerkrieg gekämpft hatte, brachte Orwell 1937 seine Freude darüber zum Ausdruck, lebend in seine Heimat zurückgekehrt zu sein, nachdem er sein Leben für ein anderes Land riskiert hatte. Der Patriotismus, der sich am Ende seines Essays *Homage to Catalonia* (›Mein Katalonien‹) ausdrückt, ist vor allem durch die Art und Weise bewegend, wie Orwell seine Heimat und ihre Landschaft, seine Kindheit auf dem Land und sein Erwachsenenleben in der Stadt, seine politische Überzeugung als ruheloser republikanischer Sozialist und seine Liebe zu den Traditionen und der Stabilität seines Heimatlandes schildert.

Hier unten gab es immer noch das England, das ich in meiner Kindheit gekannt hatte: die Durchstiche der Eisenbahnlinie, die durch wilde Blumen verschönert wurden, die weitläufigen Weiden, auf denen große, glänzende Pferde grasen und meditieren, die langsam fließenden Bäche, die von Weiden gesäumt sind, die üppigen grünen Kronen der Ulmen, der Rittersporn in den Gärten; dann die riesige, friedliche Wildnis am Rande von London, die Kähne auf dem schmutzigen Fluss, die altgewohnten Straßen, die Plakate mit den Ankündigungen von Kricketspielen und königlichen Hochzeiten, die Männer mit ihren »Melonen«, die Tauben auf dem Trafalgar Square, die roten Autobusse, die blauen Polizisten – sie alle schliefen den tiefen, tiefen Schlaf Englands. Ich fürchte, wir werden nie daraus erwachen, ehe uns nicht das Krachen von Bomben daraus erweckt.[50]

Der Patriotismus von Simone Weil hat viel mit dem Orwells gemeinsam. Als sie durch die französische Résistance 1943 dazu angeregt wurde, sich mit dem Thema der nationalen Wurzeln auseinanderzusetzen, äußerte die junge jüdische Philosophin, die gleiche tiefe Liebe zu ihrem Land und die gleiche heftige Kritik am Nationalstaat. In ihrem letzten Werk mit dem Titel *L'Enracinement* (›Die Einwurzelung. Einführung in die Pflichten dem menschlichen Wesen gegenüber‹) beschreibt Weil in wunderbarer Weise das tief im Inneren verwurzelte, zugleich greif- und ungreifbare Gefühl der Zugehörigkeit der Franzosen, die

wissen, dass ein Teil ihrer Seele so sehr mit Frankreich verwachsen ist, dass er, wenn man ihnen Frankreich fortnimmt, daran haften bleibt wie die Haut an einem glühenden Gegenstand, und ihnen derart entrissen wird. Es gibt also etwas, womit ein Teil der Seele jedes Franzosen verwachsen ist; und dieses Etwas ist für alle das nämliche, ist einzigartig, ist wirklich, und ob auch unfassbar, dennoch so wirklich, als könnte man es berühren.[51]

All dies, so erklärte Weil, habe nichts mit Nationalismus zu tun, der seinen Ausdruck in Machtgier und dem Streben nach *grandeur* und einem Weltreich finde.

Weils These geht über die Orwells hinaus und ist deshalb besonders einleuchtend, weil sie nicht wie bei Orwell nur deskriptiv, sondern visionär ist. 1937 näherte sich Weil in Assisi einer mystischen Form des Christentums an, das auf ihr künftiges Denken tiefen Einfluss haben sollte. Die Verlogenheit und der Kleinmut der französischen Eliten, die überstürzte Kapitulation vor dem Nationalsozialismus und die Entstehung des kollaborationistischen Vichy-Regimes ließen Weil 1940 ebenso wie viele andere tiefe Scham über ihr Land empfinden. Das Nationalbewusstsein war verlorengegangen. Es war Zeit für ein radikales Umdenken, wie sie in *L'Enracinement* schrieb: »Wenn die Ereignisse, die wir durchlebt haben, uns nicht Mahnung genug sind, dass wir unsere Art, das Vaterland zu lieben, verändern müssen, welcher Lehre bedürfen wir dann noch?«[52]

Simone Weils Antwort auf diese Frage basierte nicht auf *grandeur*. Sie forderte ihre Landsleute dazu auf, Mitleid für ihr Land zu empfinden, wie sie es einem Kind, den alten Eltern oder der geliebten Frau gegenüber aufbringen würden. Frankreich war für Weil keine starke Macht, die in der Welt Bestand hatte, sondern sie beschwor Vaterlandsliebe als »zärtliche Liebe zu etwas Schönem und Kostbarem, etwas Zerbrechlichem und Vergänglichem«. »Das Mitleid mit dem, was zerbrechlich ist«, so fuhr Weil fort, sei »immer mit der Liebe zu dem wahrhaft Schönen verbunden« und infolgedessen mit der Nähe zu Gott.[53]

Auf diese Weise verband Weil Vaterlandsliebe mit den christlichen Werten von Demut und Mitleid und mit anderen Grundforderungen wie der, das Andersartige zu respektieren – vor allem die regionale Andersartigkeit –, Fremdenfeindlichkeit zu bekämpfen und Meinungsfreiheit zu garantieren (»Ein lebendiges Schäumen und Brodeln des Geistes kann einem Lande wie dem unsern niemals zum Unheil ausschlagen«[54]). Dieses »Mitleid mit Frankreich« sollte »täglich und ununterbrochen, bei jeder noch so gewöhnlichen Gelegenheit, seinen Ausdruck finden«.[55]

Simone Weil war sich sehr wohl bewusst, damit etwas Unmögliches zu fordern, aber sie erklärte ganz einfach, dass diese Unmöglichkeit von großem Nutzen sei:

> Die hier angedeutete Methode der politischen Aktion übersteigt die Möglichkeiten der menschlichen Intelligenz, zumindest insoweit als diese Möglichkeiten bekannt sind. Eben darin aber besteht ihr Wert. Man soll sich nicht fragen, ob man imstande ist, sie anzuwenden oder nicht. Die Antwort wäre immer nein. Man soll sie zu einer völlig klaren Vorstellung entwickeln; lange und oft in Betrachtung bei ihr verweilen; sie immer tiefer in die Seele einsenken, dorthin, wo die Gedanken Wurzel fassen; und sie bei allen Entscheidungen immer gegenwärtig haben. So besteht vielleicht eine Wahrscheinlichkeit, dass die Entscheidungen, die man trifft, bei aller Unvollkommenheit gut sind.[56]

Auch der italienische Antifaschist Carlo Rosselli, mit dem ich diesen kurzen Überblick beschließen möchte, widmete sich mehrmals diesem Thema, bevor er 1937 im französischen Bagnoles-de-l'Orne von einer rechten französischen Schlägerbande ermordet wurde. Rosselli wurde nicht so berühmt wie Orwell, und sein Denken war nicht so tiefschürfend wie das von Simone Weil, aber er erhob ebenso mutig wie die beiden anderen seine Stimme gegen die herrschenden Verhältnisse. Das Ideal des Patriotismus lag ihm am Herzen, und er wollte es gegenüber zwei unterschiedlichen Feinden verteidigen. Der eine war der faschistische Nationalismus, der die Liebe zum Vaterland zu aggressivem

Expansionsstreben missbraucht und die Heroen des Risorgimento zu Vorläufern des Faschismus erklärt hatte. Der andere war der marxistische Internationalismus, der die Bedeutung der Vaterlandsliebe im Namen einer übergeordneten Loyalität herabwürdigte. Ein Internationalismus, der nichts anderes bedeute als »Unterwerfung unter die russische Politik«, sei nicht akzeptabel, schrieb Rosselli 1935. Der Internationalismus sei zwar ein wertvolles Ziel, aber »wenn er eine Existenzberechtigung haben will, muss er von unten nach oben aufsteigen und dadurch positiv werden, dass er zuerst im einzelnen Menschen, in der Klasse und im Vaterland lebendig ist«. Die antifaschistische Revolution in Italien, der Rosselli seine ganze Kraft widmete, sollte dank der »universellen Gültigkeit ihrer Motive und der europäischen Konkretheit ihrer Politik« geachtet werden. Diese weisen und weitblickenden Gedanken gerieten in den späteren Debatten über die nationale Identität Italiens fast gänzlich in Vergessenheit.[57]

In Rossellis Vorstellung eines liberalen Sozialismus verdiente somit »die Bindung an das Vaterland« Ehre, denn sie sei die Grundlage und nicht ein Gegensatz zum Internationalismus und darüber hinaus eine wertvolle Basis für ein künftiges, von unten aufgebautes demokratisches Europa.[58]

Aus der knappen Analyse dieser Autoren, die alle drei die herrschende Politik ihrer Zeit aufs Schärfste ablehnten, geht eine klare Unterscheidung von Patriotismus und Nationalismus hervor. Patriotismus in diesem Sinn ist ein nur halb bewusstes, greif- und zugleich ungreifbares Gefühl, wie Simone Weil es formuliert hat. Er kommt in der Liebe zu einem Ort, im Zugehörigkeitsgefühl, in den Geschichten der Individuen und der Gemeinschaft zum Ausdruck. Patriotismus besteht aus Erinnerungen und Traditionen, Landschaften und Reisewegen, Gedichten und Gemälden, profanen und geistlichen Liedern, Speisen und Getränken. Die Fülle dieser Elemente macht das Vaterland zu etwas außerordentlich Wertvollem, Zerbrechlichem, das leicht für andere Zielsetzungen dienstbar gemacht werden kann. Patriotismus hat für die genannten Autoren defensiven, nicht aggressiven Charakter, obwohl Simone Weil eine andere Vorstellung davon hatte, wie das Vaterland zu verteidigen sei. Ihr Patriotismus war christlich und pazifistisch, während Orwell und Rosselli an Bürgertugenden wie Mut und Tapferkeit glaubten, die sich auch im Verteidigungskrieg zeigten.

Die Unterscheidung zwischen Patriotismus und Nationalismus bleibt jedenfalls ein wichtiges Kriterium sowohl für die Betrachtung der Vergangenheit als auch für den Blick in die Zukunft. Für die *historische* Analyse ist sie allerdings insofern untauglich, als die beiden Begriffe immer wieder verknüpft und synonym statt getrennt voneinander benutzt wurden. Ebenso wenig wird es möglich sein, historische Phasen herauszuarbeiten, in denen der Patriotismus über den Nationalismus triumphiert hat. Es gab lichte historische Augenblicke wie den »Völkerfrühling« 1848 und einzelne Stimmen, mehr nicht. Der Patriotismus, den wir meinen, muss erst noch geschaffen werden.

Der Platz Italiens in der modernen Welt

Von den Gedanken des letzten Kapitels ausgehend können wir zu der anspruchsvollen Frage zurückkehren, ob es sich lohnt, Italien zu retten. Als gerade erst eingebürgerter Italiener antworte ich natürlich mit einem enthusiastischen Ja, auch wenn man Neubekehrten besser misstraut, denn sie neigen zu übertriebener Begeisterung. Mein Ja ist eng gebunden an die Vorstellung von Vaterland, die ich oben skizziert habe. Dennoch ist Italien nicht nur ein Vaterland, sondern auch ein Nationalstaat, und da wird es schon schwieriger, die Frage zu beantworten. Nationalstaaten haben sich selten durch ihren Dienst an der Menschheit ausgezeichnet, in ihrem Namen wurden im Gegenteil alle Arten von Verbrechen und Freveltaten begangen. Unkritische Loyalität zur eigenen Nation – »mein Land im Guten wie im Bösen« – ist für alle Beteiligten verhängnisvoll, sowohl für die Adressaten als langfristig auch für diejenigen, die dieses Ideal propagieren. Man braucht nur an das Leid zu denken, das viele Deutsche nach dem Zweiten Weltkrieg erlitten, an das Schweigen der Väter über die im Namen der Nation begangenen Grausamkeiten und an die bitteren Anschuldigungen der Kinder, sobald sie als Erwachsene davon erfuhren. Die Loyalität gegenüber der Nation darf sich nicht auf blinden Gehorsam stützen, sondern muss an die Frage nach dem Ziel gebunden bleiben.

Italien existiert, seine Existenz muss verteidigt werden, aber was ist sein Ziel? Welches Vaterland will Italien als Nation sein? Giulio Bollati stellte eine ähnliche Frage am Ende seines zu Recht berühmten, erstmals 1972 erschienenen Essays *L'italiano* (›Der Italiener‹). »Gibt es«, so fragte er sich, »eine italienische Art, modern zu sein [...], gibt es einen italienischen Weg in die Moderne?«[59] Von der Kultur des Risorgimento ausgehend, gab der Autor eine ziemlich düstere Antwort. In Italien standen sich, so Bollati, zum Zeitpunkt der italienischen Nationalstaatsbildung archaische und moderne Tendenzen gleichwertig gegenüber, und das Land war unfähig, seinen Weg zu bestimmen. Ihm zufolge hatten die italienischen Intellektuellen des 19. Jahrhunderts zu wenig Mut. Außergewöhnliche Persönlichkeiten der bürgerlichen Revolution wie Cavour und Cattaneo »ragen einsam aus der breiten Masse hervor, die eisern im Bestehenden verharrt und die man nicht unterschätzen sollte«.[60]

Zu dieser breiten Masse gehörte auch Vincenzo Gioberti. Sein berühmter, erstmals 1843 in Paris erschienener Text *Del primato morale e civile degli italiani* (›Über den moralischen und politischen Primat der Italiener‹) passt sehr genau hierher, um das Kapitel abzuschließen.[61] Wie schon der Titel dieses Werks zeigt, hatte Gioberti keinerlei Zweifel daran, dass Italien der erste Platz in der modernen Welt gebühre. Er vertrat nicht als Einziger diese bizarre These, sondern reihte sich in eine lange Tradition ein, die trotz des jahrhundertelangen Niedergangs einen Primat Italiens für möglich hielt.

Am Anfang seines Werks bewegt sich Gioberti mit vernünftiger Vorsicht. Alle Nationen, vor allem die europäischen, so seine These, könnten sich verschiedener hervorragender Eigenschaften rühmen. Wer wollte beispielsweise dem Spanier und Engländer seine »Männlichkeit und seinen Stolz« absprechen? Wer wäre den »großherzigen Polen nicht dankbar dafür, dass sie Europa davor bewahrten, muslimisch zu werden«? »Wer kennt nicht die vielen verschiedenen Vorzüge des französischen Volkes?« Die Nationen der Welt und vor allem Europas bilden in den Augen Giobertis eine einzige große Familie. Wie es aber in jeder Familie einen Erstgeborenen gibt, so gebühre diese Rolle zu Recht Italien, und »die anderen Nationen haben keinen Grund, dies übelzunehmen und beleidigt zu sein«. Italien genieße besonders auf der Ebene der religiösen, historischen, literarischen und wissenschaftlichen Ideen und Vorstellungen einen natürlichen Primat und sei bereit, den anderen Nationen »ein sehr weites Feld« zu überlassen, »auf dem großen Gebiet der Tatsachen und der politischen Rechte«. Die Überlegenheit Italiens liege mit anderen Worten nicht in der materiellen Welt oder im politischen Fortschritt, sondern im Reich der Ideen und Überzeugungen und insbesondere in der Tatsache, dass der Papst Italiener sei und in Rom residiere.[62]

Im Übrigen, so Gioberti, sei Bescheidenheit für eine Nation nicht gut. Gleich zu Beginn seines Buches erklärt er, dass »übertriebene Bescheidenheit im privaten Bereich manchmal zu loben, im öffentlichen dagegen stets zu verurteilen ist«.[63] Tatsächlich lässt Gioberti in späteren Passagen seiner schwülstigen Prosa alle Bescheidenheit fallen: »Da Italien der Sitz und fast schon der Hof einer geistigen Monarchie ist [...], verdient es, als universelles Vaterland und Nation der Erneuerung für die menschliche Familie begrüßt zu werden.«[64] Im Weiteren schreibt Gioberti den Primat Italiens der Abstammung aus der *gens italica* zu und versteigt sich zu einem Delirium rassischer Überlegenheit, wie sie den Nationalisten aller Länder lieb und teuer ist:

> Nachahmung ist uns umso mehr verboten, als die Herkunft von den Pelasgern uns mit dem königlichen Stamm der großen Familie der Japetiden des indogermanischen Zweigs verbindet. Deshalb darf unsere Linie, die durch Alter der Zivilisation und die weiteren, vom Himmel geschenkten Privilegien die anderen Geschlechter Europas übertrifft, moralisch niemandem untertan sein.[65]

Trotz ihrer Übertreibungen erntete Giobertis These in den vierziger Jahren des 19. Jahrhunderts breite Zustimmung. Der Papst trage Italien nicht nur den Primat vor den anderen Nationen ein, sondern sollte sich auch an die Spitze eines Bündnisses italienischer Fürsten im Kampf für die Unabhängigkeit stellen. Doch dieser neoguelfische Traum platzte schon nach fünf Jahren, als Papst Pius IX. in seiner Rede vom April 1848 erklärte, er sei nicht der Papst der italienischen Nation, sondern der gesamten Menschheit, Österreicher eingeschlossen. Der Primat Italiens wurde unter den weit darüber hinausreichenden Befürchtungen und Ambitionen seines wichtigsten religiösen Protagonisten begraben.

Noch 170 Jahre später stellt sich dasselbe dringende und bis heute ungelöste Problem. Welchen Platz, wenn nicht den von Gioberti erträumten, kann Italien in der heutigen Welt einnehmen? Soll es sich wirklich darauf beschränken, mit seinen Makkaroni und Melodramen zu glänzen, wie es Byron und Teresa Guiccioli im April 1821 in Ravenna vorhersahen? Die alten, unausrottbaren Illusionen vom Primat Italiens zu pflegen oder den Glanz des römischen Reiches und des Papsttums in Rom zu beschwören, erscheint heute ebenso gefährlich wie obsolet. Mit mehr Augenmaß sollte man sich heute auf bestimmte Wesensmerkmale der italienischen Geschichte konzentrieren, die mit einem neuen Paradigma der Moderne in Übereinstimmung zu bringen sind: Aspekte, die Italien in der Vergangenheit geprägt haben und eine solide Grundlage für seine Zukunft bilden könnten. Natürlich kann die Auswahl unter den vielen Besonderheiten Italiens nur subjektiv sein. Ich persönlich kann hier nur einige Vorschläge machen in der Hoffnung, dass andere das Gleiche tun, um darüber eine Debatte zu eröffnen. Dies ist mein Ziel im folgenden Kapitel.

Die sanftmütige Nation

Auf die von Giulio Bollati gestellte Frage würde ich antworten, dass Italiens Weg in der heutigen Welt an vier miteinander verbundene Elemente anknüpfen muss, die in der einen oder anderen Form bereits in der Vergangenheit vorhanden waren. Zwei dieser Elemente haben politischen Charakter, eines betrifft die Geographie, und das vierte ist eine soziale Tugend. Das erste Element speist sich aus der langen Tradition der städtischen Selbstverwaltung in Italien, die im Risorgimento im defensiven Patriotismus der demokratischen Republiken von Venedig und Rom in den Jahren 1848 und 1849 ihren Höhepunkt erreichte. Das zweite Element betrifft den Bezug zu Europa, der in Italien, im Gegensatz zu Großbritannien, immer vorhanden war. Das dritte Element ist die Suche nach der Verwirklichung von Gleichheit, die im Risorgimento nur von einer kleinen Minderheit angestrebt wurde, ohne die eine Republik ihren Namen jedoch nicht verdient. Das letzte Element eines modernen Paradigmas der Nation ist das ungewöhnlichste, gleichzeitig aber vielleicht das durchgreifendste: Sanftmut als soziale Tugend, wie sie in der Geschichte Italiens immer wieder wirksam wurde.[66]

Ich werde diese Charakteristika in diesem Kapitel kurz beschreiben, um dann am Ende des Buches wieder darauf zurückzukommen. Um keine Missverständnisse aufkommen zu lassen, betone ich, dass ich keineswegs behaupten will, diese Elemente seien in der Geschichte Italiens *vorherrschend* gewesen. Das trifft nicht zu. Ebenso wenig will ich damit zum Ausdruck bringen, dass die italienische Geschichte unausweichlich diesen Weg gehen muss. Dafür, dass sich das von mir vorgestellte alternative Modell durchsetzen wird, gibt es keinerlei Garantie. Mir geht es vielmehr darum, vielfach vergessene Spuren in der Geschichte, vor allem in der Geschichte des Risorgimento, aufzusuchen und ihre Bedeutung als Bezugspunkte für die Zukunft zu unterstreichen. Die aufgezeigten Elemente besitzen nicht die historische Durchschlagskraft der Grundkonstellationen Bantis, haben aber dennoch in der italienischen Geschichte eine nicht unbedeutende Rolle gespielt. Sie verdienen, herausgearbeitet und kultiviert zu werden, denn sie tragen zu einem modernen Bild der Nation bei, das sich grundsätzlich von dem verhängnisvollen Nationalismus des letzten Jahrhunderts abhebt. Bei dieser Untersuchung folge ich Simone Weils oben zitierter Mahnung: »Man soll sie zu einer völlig klaren Vorstellung entwickeln [...] sie immer tiefer in die Seele einsenken, dorthin, wo die Gedanken Wurzel fassen; und sie bei allen Entscheidungen immer gegenwärtig haben. So besteht vielleicht eine Wahrscheinlichkeit, dass die Entscheidungen, die man trifft, bei aller Unvollkommenheit gut sind.«[67]

Die Selbstverwaltung

Am Anfang dieses zweiten Kapitels muss, wie im ersten, die Stimme Carlo Cattaneos stehen. Zusammen mit Giuseppe Ferrari gilt er zu Recht als der wichtigste Verfechter des Föderalismus im Risorgimento. Im März 2010 hat die Lega Nord in Besozzo nahe Varese die *Fondazione Carlo Cattaneo* gegründet, weil sie von der Übereinstimmung ihres eigenen Programms mit dem Denken Cattaneos überzeugt ist. Dass der Patriot ein beredter Vertreter des Föderalismus war, steht außer Frage, aber wie ich zeigen will, ist es alles andere als zwingend, dass Cattaneos Version die Vorstellungen Bossis stützt. Außerdem darf man nicht vergessen, dass Cattaneo zwar stolz auf seine lombardischen Wurzeln war, aber dennoch ausdrücklich betonte, Tugend sei nicht Privileg einer einzigen Nation oder einer einzelnen ethnischen Gruppe. Zu den Ereignissen der Jahre 1848/49 schrieb er: »Barbar kann ein Deutscher sein, ein Franzose oder auch ein Italiener, denn *jede Nation hat ihre Barbaren*«.[68]

Cattaneos politische Thesen basierten auf der kommunalen Selbstverwaltung. In seinem umfangreichsten Werk zu diesem Thema mit dem Titel *Sulla legge comunale e provinciale* (›Über das Gesetz zur Einrichtung der Kommunen und Provinzen‹) aus dem Jahre 1864 fragte er seine Leser, wie es möglich gewesen sei, dass die Lombardei, obwohl sie »so oft von Fremden überfallen« wurde, immer beträchtlichen Wohlstand genossen habe. Stolz erklärte Cattaneo dazu, dass die Lombardei von allen Regionen Italiens über die meisten Straßen, Schulen, Amtsärzte und »alle anderen kommunalen Einrichtungen« verfüge.[69] In der Lombardei gab es auch die meisten kleinen und ganz kleinen Kommunen. Musste deshalb nicht eine Verbindung bestehen zwischen Wohlstand und Selbstverwaltung? Davon war Cattaneo überzeugt. Seiner Meinung nach ließen sich die Verdienste der lombardischen Kommunen, »diese Nervenknotenpunkte des nachbarschaftlichen Lebens«,[70] um seine denkwürdige Formulierung zu benutzen, noch deutlicher an einem Vergleich zwischen der Lombardei und Sizilien ablesen. Sizilien hatte im Jahr 1860 mit durchschnittlich 6681 Personen von allen italienischen Regionen die größte Einwohnerzahl pro Kommune. Aber in Sizilien gab es keine Straßen, nur wenige Friedhöfe, keine Bildung und keinen Gemeinsinn. Diesen desolaten Zustand prangerte Cattaneo in der folgenden eindrucksvollen Passage als Schaden für die ganze Nation an:

Wenn die Familien mehr als eine Stunde zu Fuß gehen müssen, um die Schule, die Hebamme, den Totengräber oder jeden anderen kommunalen Dienst zu erreichen [...], verliert der Begriff der Kommune seinen Sinn; und wer zu den kommunalen Ausgaben beitragen muss, wird betrogen. [...] Ich benutze dieses böse Wort, um klarzumachen, dass ich keine hohle Phrase meine, wenn ich vom Recht der Kommune spreche, sondern von Mein und Dein. Und ich will noch hinzufügen, dass auch die Nation betrogen wird, weil *ihre Kinder in Unwissenheit aufwachsen.* [71]

Das Rückgrat der Nation bildeten für Cattaneo also kleine, gut funktionierende Kommunen, denn seiner Meinung nach besaß die Nation in ihnen »ihren innersten Hort der Freiheit«[72]. Er war sich sicher, dass eine gute Organisation der politischen Macht von unten ausgehen müsse, von den Kommunen über die Regionen, und nicht von einem zentralisierten Nationalstaat nach unten. Diese Überzeugung gewann er nicht nur aus den Erfahrungen seiner Region zu seinen Lebzeiten, sondern aus der ganzen ruhmvollen Geschichte der »hundert Städte« in Nord- und Mittelitalien. Die großen Erfolge der mittelalterlichen Stadtstaaten bestätigten diese These zusätzlich. Die Darstellung ihrer Geschichte bei Sismondi war bevorzugte Lektüre der jungen italienischen Patrioten der Restaurationszeit (auch von Shelley und Byron) und für Cattaneo der eindeutige Beweis dafür, dass die kommunale Selbstverwaltung das Wesen italienischer Regierungskunst sei: »Anscheinend kann unsere Nation ohne diese Regierungsform nichts Großes leisten.«[73]

Für Cattaneo gingen Selbstverwaltung und staatsbürgerliches Bewusstsein Hand in Hand. Selbstverwaltung war für ihn wertlos, wenn sie sich auf Ignoranz und persönliche

Interessen gründete oder auf lokaler oder nationaler Ebene an charismatische Führungspersönlichkeiten – das moderne Äquivalent zu Fürsten und *condottieri* – delegiert wurde. Stattdessen verlangte er eine Lehrzeit und die Auseinandersetzung über die Meinungen und Interessen jedes Einzelnen. Die Revolutionen der Jahre 1848/49 waren Wasser auf Cattaneos Mühlen, denn ganz Europa blickte begeistert auf die italienischen Städte, auf Venedig und Rom, die sich als demokratische Republiken mit allgemeinem Wahlrecht für die männliche Bevölkerung konstituierten und viele Monate lang heldenhaft die kommunale und nationale Freiheit verteidigten.[74] Zum Unglück für Cattaneo und für den Verlauf des Risorgimento als Ganzes ging aus dem Mailänder Volksaufstand vom März 1848 unter republikanischer Führung, der unter allen europäischen Revolutionen dieser Jahre wirklich einzigartig war, keine vergleichbare republikanische Selbstverwaltung hervor.[75]

Die italienische Einheit wurde auf einem ganz anderen Weg erreicht, als ihn Cattaneo nach den Erfahrungen von Venedig und Mailand erhofft hatte. Die piemontesische Monarchie triumphierte auf der ganzen Halbinsel, setzte eine stark zentralistische Verwaltung durch und führte ein parlamentarisches System auf Grundlage eines eng begrenzten Zensuswahlrechts ein. Statt die kommunalen Freiheiten zu wahren und die Selbstverwaltung zu stärken, erhielten Präfekten und Bürgermeister im neuen Italien weitgehende Machtbefugnisse.

All dies widersprach Cattaneos Grundüberzeugungen, und dennoch findet sich in den nach 1860 verfassten Werken keine Spur von Sezessionsgedanken. Obwohl Italien im Widerspruch zu Cattaneos republikanischer und föderalistischer Gesinnung als monarchischer, zentralisierter Staat entstanden war, wollte er nicht an dessen Grundfesten rütteln, sondern sie verbessern. Dabei orientierte er sich am Vorbild des Schweizer Bundesstaats und der jungen Vereinigten Staaten von Amerika. Cattaneo träumte von den »Vereinigten Staaten Italiens«, in denen die unterschiedlichen Kulturen, Rechtssysteme und Traditionen anerkannt würden; aus dieser Heterogenität würde das geeinte Italien seine Kraft schöpfen.[76]

Zum Abschluss ist noch ein Blick auf Cattaneos bewusst sehr weit gefasstes Verständnis des Nationalismus zu werfen. Er verbrachte die letzten 20 Jahre seines Lebens im Tessin, dem er eine doppelte Identität zusprach: integraler Bestandteil der Wirtschaft und Kultur der Lombardei zu sein und zugleich konstitutiver Bestandteil des Schweizer Bundesstaates. Diese beiden Identitäten standen für Cattaneo nicht im wechselseitigen Widerspruch, sondern überlagerten einander, ohne sich zu beeinträchtigen.[77] Dasselbe galt für das Individuum. Man könne Lombarde sein, so argumentierte er, aber auch Italiener oder Schweizer. Individuelle Identitäten könnten sich aus vielfältigen Elementen zusammensetzen, und so sei die Gefahr gebannt, dass der »Andere« zum Feind werde.

Sieben Jahre nach der Veröffentlichung von Cattaneos Briefen *Sulla legge comunale e provinciale* fand in Paris das wichtigste Experiment des 19. Jahrhunderts mit einer Selbstverwaltung statt. Im preußisch-französischen Krieg von 1870/1871 entstand die Pariser Commune, die nach nur 71 Tagen blutig beendet und deren Unterstützer von den Soldaten Thiers zu Tausenden niedergemetzelt wurden. Die Commune hatte sich eine revolutionäre Ordnung gegeben: Die Abgeordneten wurden mit allgemeinem Wahlrecht gewählt und erhielten nur den Lohn eines einfachen Arbeiters, die Richter wurden nach denselben Prinzipien gewählt und bezahlt, die Verwaltung stand unter der Kontrolle des Volkes, und das Heer war eine Volksmiliz. Nach außen waren die Beziehungen noch radikaler, denn die

Commune erhoffte sich ein Frankreich als freies Bündnis autonomer Stadtstaaten.

Cattaneo war im Februar 1869 gestorben, aber er wäre bestimmt von der Pariser Commune begeistert gewesen, weil sie seinen Vorstellungen so nahe kam, und er hätte die Forderung nach einem neuen föderalen Frankreich sicherlich unterstützt. Cattaneo war ein durch und durch bürgerlicher Liberaler und einer der weitblickendsten Intellektuellen der bürgerlichen Revolution in Italien, die im 19. Jahrhundert nicht in Gang kam. Aber er war auch ein Radikaler und Nonkonformist, der sich darüber im Klaren war, dass die Demokratie nur als Erziehungs- und Bewusstwerdungsprozess ins Leben gerufen werden könne.

Die Idee der Selbstverwaltung zieht sich als roter Faden durch die Geschichte Italiens und taucht immer wieder mit großer Intensität auf: bei Gramsci in seiner Zeitschrift *Ordine Nuovo* (›Neue Ordnung‹), in den Selbstverwaltungsmodellen des Partito d'Azione der Jahre 1944/45, in den radikalen Utopien der Studentenbewegung von 1968, in der großen Verbreitung der Fabrikräte der siebziger Jahre und sogar heute im kleineren Maßstab bei dem Versuch, die krisengeschüttelte repräsentative Demokratie durch Partizipationsexperimente wiederzubeleben. Die kommunale Verwaltung ist in Italien wesentlich lebendiger als beispielsweise in Großbritannien. In Italien lag die Beteiligung an Kommunalwahlen in den neunziger Jahren bei knapp 80 Prozent, in Großbritannien bei höchstens 35 Prozent. Doch wurde eine Selbstverwaltung im Sinne Cattaneos in der Geschichte des italienischen Nationalstaats nie zufriedenstellend verwirklicht und zur Gänze durchgesetzt. Sie überlebte immer nur kurz und wurde von Politikern und partikularen Interessen erstickt. Das heißt aber nicht, dass sie zu verwerfen ist.

Innerhalb und außerhalb Europas

Italien hat das Potential seiner Rolle in Europa im Laufe der letzten zweihundert Jahre weitgehend ungenutzt gelassen. Das erscheint umso merkwürdiger, weil das Land, ein Symbol für Schönheit und Freiheit, den europäischen Geist vielleicht mehr als jedes andere beflügelt hat. Als Johann Wolfgang von Goethe im Dezember 1786 zum ersten Mal nach Rom kam, begeisterte er sich für die Orangenbäume in den Gärten der Stadt: »Es hängen viele Hunderte der schönsten Früchte an so einem Baum, der nicht wie bei uns beschnitten und in einen Kübel gepflanzt ist, sondern in der Erde frei und froh in einer Reihe mit seinen Brüdern steht. Man kann sich nichts Lustigeres denken als einen solchen Anblick.«[78] Einige Tage zuvor hatte der Geheimrat in sein Tagebuch notiert: »und ich zähle einen zweiten Geburtstag, eine wahre Wiedergeburt, von dem Tage, da ich Rom betrat.«[79] Diese bedingungslose Verneigung vor der Geschichte, dem Licht und der Harmonie des *Bel Paese* war von erstaunlicher Dauer und oft begleitet von Bewunderung darüber, dass die Menschen so frei lebten wie ihre Orangenbäume: Gemeint war nicht so sehr politische Freiheit, als vielmehr die Freiheit der Sitten und eine Lebensart, in der Freude und Harmonie genügend Raum gegeben war.

Es gibt aber auch eine andere Form der Freiheit der Italiener, die man nicht aus dem Blick verlieren sollte. Die »negative Freiheit« ist ein Leitmotiv der italienischen Geschichte geworden und kommt in der Nichtbeachtung von Regeln und Normen, Ordnung, Präzision und Gesetz zum Ausdruck. Die »Freiheit von« manifestierte sich außerdem immer wieder in massiver Steuerhinterziehung und der Ablehnung jeder Form von staatlicher Intervention. Diese problematische Hinterlassenschaft der Geschichte ist nicht leicht mit den Vorstellungen der anderen europäischen

Länder über das Verhältnis von Bürger und Staat in Einklang zu bringen.

Die Einheit Italiens wurde 1861 außer in Österreich in ganz Europa begrüßt. Der Europagedanke spielte, das sei vorausgeschickt, im Denken des Risorgimento keine herausragende Rolle. Mazzini hatte zwar bereits 1847 die Entstehung eines »großen gemeinsamen Marktes« vorausgesagt und die Völker Europas auf dem Weg »in eine neue Ära der Einheit und innigeren Verbindung« gesehen.[80] Auch Cattaneo verkündete am Ende seines Werkes *Dell'insurrezione di Milano nel 1848* (›Über die Erhebung Mailands im Jahr 1848‹), das er in weniger als einem Monat im September 1848 in Paris niederschrieb, in Kürze werde »ganz Europa frei und freundschaftlich verbunden« sein, wiederhergestellt »nach dem reinen Vorbild Amerikas [...]. Wir werden wahren Frieden haben, wenn die Vereinigten Staaten von Europa geschaffen sind.«[81] Keinem Vertreter des Risorgimento gelang es jedoch, eine italienische Schule europäischen Denkens oder ein ausgedehntes europäisches Netzwerk ins Leben zu rufen. Mazzini gründete mit unermüdlicher Energie und Hingabe immer neue Organisationen: Eine der ersten war die *Giovine Europa* (›Junges Europa‹), 1850 fanden seine Ideen in einem *Comitato Centrale Democratico Europeo* (›Demokratisches Zentralkomitee Europas‹) Eingang. Diese Organisationen aber hatten nur wenige Anhänger und noch weniger Erfolg. Cattaneo machte nicht einmal einen Versuch in diese Richtung, denn er lebte mit seiner englischen Frau, die ein noch zurückgezogeneres Leben führte als er selbst, isoliert in Lugano. Im Februar 1854 schrieb er an Cristoforo Negri über sie: »Sie ist so was von sesshaft! In den letzten vier Jahren ist sie nur zwei Mal nach Lugano hinuntergegangen, obwohl es ein angenehmer Spaziergang von nur einer dreiviertel Stunde ist.«[82]

Innerhalb ihres jeweils völlig unterschiedlichen Aktionsbereichs waren Cavour und Garibaldi vielleicht die größten Europäer des Risorgimento: Cavour vor allem deshalb, weil er sich der Möglichkeiten und Grenzen eines liberalen Nationalstaats im politischen Kontext Europas am deutlichsten bewusst war; Garibaldi dagegen, weil er die romantischen Vorstellungen von Italien, die man nördlich der Alpen pflegte, nach Jahrhunderten des Niedergangs und Verfalls durch seine abenteuerlichen Unternehmungen bestätigte. Als Garibaldi 1864 London besuchte, wurde er von ungefähr 400.000 Menschen begeistert empfangen. Es war die eindrucksvollste Demonstration der viktorianischen Ära und mobilisierte mehr Menschen als alle Aufmärsche der Chartisten. William Gladstone sah in Garibaldi »tiefe, unerschütterliche Klarheit, ein ausgeprägtes Selbstbewusstsein und Anstand« aufs Bewundernswerteste vereint.[83]

Diese hohe Wertschätzung aus der Zeit des Risorgimento verlor Italien sehr schnell und wurde zum »Schlusslicht der großen Mächte«, die es nachäffte, ohne selbst viel Eigenes einzubringen. Expansionistische Ziele und die nach wie vor ungeklärten Grenzfragen trieben das Land in den Ersten Weltkrieg, obwohl sich die Arbeiterbewegung dagegen wandte und die italienischen Sozialisten als Einzige in ganz Europa die Parole ausgaben: »Weder teilnehmen noch sabotieren«. Italien hatte 680.000 Tote und weitere 500.000 Kriegsinvaliden zu beklagen. Diese traumatische Kriegserfahrung bildete im Verein mit der Schwäche des liberalen Staates und dem Vorbild der Oktoberrevolution in Russland den Nährboden des Faschismus. Mussolini konnte dem Risorgimento zahlreiche Elemente entnehmen, die seinem aggressiven Nationalismus dienlich waren. Nach dem vom Völkerbund verurteilten Einfall in Abessinien stürzte Italien gemeinsam mit seinem immer dominanteren deutschen Verbündeten ganz Europa in den Abgrund.

Ebenso wie das Verhältnis von Patriotismus und Nationalismus wurden auch Rolle und Aufgabe Europas während des Zweiten Weltkriegs radikal neu bewertet. In dieser Debatte nimmt das 1941 auf der Insel Ventotene von den Antifaschisten Altiero Spinelli und Ernesto Rossi verfasste Manifest eine herausragende Stellung ein.[84] In einer der dunkelsten und aussichtslosesten Phasen des Krieges fanden die beiden Gefangenen die geistige Kraft, weit in die Zukunft zu blicken und das Bild einer Epoche zu entwerfen, in der ein Staatenbund an die Stelle der sich bekriegenden europäischen Staaten treten und die »endgültige Abschaffung der Teilung Europas in Nationalstaaten« auf der Tagesordnung der Geschichte stehen werde.[85] Spinelli und Rossi traten für die Gründung einer großen revolutionären, zentral organisierten Partei mit dem Namen »Bewegung für ein freies und geeintes Europa« ein, die sich unverzüglich dem Ziel widmen sollte,

> einen starken föderalen Staat zu schaffen, der über eine europäische Armee anstelle der nationalen Heere verfügt; die wirtschaftliche Autarkie, das Rückgrat der totalitären Regimes, zerbricht; ausreichende Organe und Mittel besitzt, um in den einzelnen Bundesstaaten die Beschlüsse über eine gemeinsame Ordnung durchzusetzen, und den einzelnen Staaten doch so viel Selbstständigkeit lässt, dass sie ein eigenständiges politisches Leben führen und die Besonderheiten der verschiedenen Völker pflegen und entwickeln können.[86]

Perry Anderson hat das Manifest von Ventotene zu Recht als die »wirkungsvollste Vision eines vereinten Kontinents« bezeichnet, »die aus der europäischen Widerstandsbewegung hervorgegangen ist«.[87]

Diese Vorstellungen fanden in der neu erstandenen Republik Italien zwar nur geringen Widerhall und wenig

Interesse. Dennoch wurden sie indirekt und partiell um-
gesetzt, wie es typisch ist für die Beziehung zwischen radikalen Ideen und den eher prosaischen Möglichkeiten der
Politik. Als einziges der großen Mittelmeerländer gehörte
Italien 1957 zu den Gründungsmitgliedern der Europäischen Wirtschaftsgemeinschaft. Alcide De Gasperi und
Ugo La Malfa hatten sich gegen den offenen Widerstand
der kommunistischen Partei und den tiefen Skeptizismus
großer Teile der italienischen Wirtschaftseliten mit Nachdruck für dieses Ziel eingesetzt.

Dennoch entwickelte Italien im weiteren Verlauf weder
eine besondere Vision der eigenen Rolle noch eine spezifische Strategie für Europa. Es tat sich in der Aufbauphase
der Europapolitik, als es um die Festlegung und Entwicklung der nationalen Ziele und Interessen und ihre europäische Einbindung ging, ebenso wenig hervor wie in der
Phase, als die europäische Gesetzgebung in nationale
Rechtsnormen überführt und die europäischen gemeinsamen Regeln respektiert werden mussten. Meist *reagierte* Italien lediglich auf die dominanten Strategien Frankreichs
und Deutschlands, statt zu *agieren*, selbst dann, als es um
die mediterranen Agrarprodukte ging. Allzu oft, so stellten
zahlreiche Beobachter fest, war Italien einfach abwesend
und galt deshalb als unzuverlässig. Die italienischen Regierungen verlangten bei allen Entscheidungen ein Mitspra-
cherecht, schickten aber dann häufig keinen Vertreter an
den Verhandlungstisch. Den vollmundig vorgetragenen pro-
europäischen Worten folgten keine Taten. Ende der siebziger Jahre spielte Italien in Europa nur noch eine marginale
Rolle.

Der Volkswirt und Bankier Tommaso Padoa-Schioppa,
der als erster Italiener ins Direktorium der Europäischen
Zentralbank aufgenommen wurde, hat die Europapolitik
Italiens verteidigt und ihr »eine feste Stimme« attestiert,

»die zahlreiche Schritte auf dem Weg zur Union bewirkt hat«.[88] Das mag für die achtziger und neunziger Jahre gelten, als eine Gruppe von hervorragenden Experten und Politikern, darunter Padoa-Schioppa selbst, sich vehement für die Einheitswährung und für den Beitritt Italiens zur Eurozone einsetzten.[89] Padoa-Schioppas Urteil gilt aber nicht für die italienische Europapolitik als Ganzes. Wie ein Beobachter formuliert hat, sei Italien in mehrfacher Hinsicht von Europa gerettet und auch im eigenen Interesse europäisiert worden.[90] Dennoch ist das Auftreten Italiens im europäischen Kontext nach wie vor enttäuschend. Man kann nicht davon absehen und darf auch nicht vergessen, welch hohe symbolische Bedeutung es hat, wenn bis heute die italienischen Europaabgeordneten die höchsten Gehälter der gesamten EU beziehen und am seltensten im Parlament anwesend sind.[91] Ein Ehrenplatz unter den nichtanwesenden Abgeordneten gebührt Umberto Bossi.

Die Mängel der italienischen Europapolitik werden noch evidenter, wenn wir uns der Frage der Demokratie zuwenden. Von Anfang an bestand im Aufbau der europäischen Institutionen ein Ungleichgewicht zwischen der Behandlung der Wirtschaftspolitik und der repräsentativen Demokratie, denn die Entscheidungen wurden ohne die notwendige demokratische Mitwirkung von Verwaltungs- und Regierungseliten getroffen. Dieses Grundmuster blieb im Wesentlichen bestehen. Trotz der inzwischen herbeigeführten Änderungen im Kräfteverhältnis zwischen den wichtigsten Institutionen – dem Rat, der Kommission und dem Parlament – hat das Parlament bis heute den geringsten Einfluss. Zudem gibt es außer dem vagen und teilweise absurden Prinzip der Subsidiarität keinen wirksamen Mechanismus zur Delegierung von Entscheidungen. Es besagt, dass untergeordnete Organe von den höheren ermächtigt werden können, Entscheidungen zu treffen, wenn sie in der Lage sind, sie auch umzusetzen.[92] Das Demokratiedefizit in der Europäischen Gemeinschaft zu bekämpfen wäre ein gerechtes Anliegen, das Italien gut zu Gesicht stünde, wenn man die lange Tradition städtischer Selbstverwaltung und die Ermahnungen Carlo Cattaneos berücksichtigt. Doch den italienischen Staatsbürgern ist bisher nicht zu Ohren gekommen, dass ihre Vertreter handfeste Initiativen in diese Richtung unternommen hätten. Ihr Vertrauen in die Institutionen der Union, das einst das höchste in ganz Europa war, ist kontinuierlich gesunken.

Die Selbstdarstellung Italiens in Europa hat sich auf verschiedenen Ebenen eher verschlechtert als verbessert. 1972 trat der christdemokratische Präsident der Europäischen Kommission, Franco Maria Malfatti, nach nur zweijähriger Amtszeit mit der Begründung zurück, er wolle sich wieder seiner politischen Karriere in Rom widmen. In Italien und vor allem in Süditalien werden die Gelder aus dem europäischen Regional- und Sozialfonds der EU besonders schlecht eingesetzt.[93] Im Jahr 2003 antwortete Regierungschef Silvio Berlusconi, als er bei seiner Antrittsrede zur italienischen Ratspräsidentschaft in der zweiten Jahreshälfte von dem deutschen Sozialdemokraten Martin Schulz kritisiert wurde: »Signor Schulz, ich weiß, dass in Italien gerade ein Film über die nationalsozialistischen Konzentrationslager gedreht wird. Sie könnten darin die Rolle des Kapo übernehmen.« Der Korrespondent des *Corriere della Sera* berichtete, dass die simultan übersetzten Worte Berlusconis von den Abgeordneten mit einem »ungläubigen Oooh«, mit »Protesten und rhythmischem Klatschen« aufgenommen wurden.[94] Wie weit sind wir entfernt von einem Verhalten, wie es Berchet 1816 von den Italienern gefordert hatte, damit »Fremde wieder bescheiden und mit der alten Hochachtung von euch sprechen«![95]

Gleichheit

Mitte des 19. Jahrhunderts lebten die Landarbeiter der sumpfigen Ebene des Polesine in tiefstem Elend. Etwa die Hälfte von ihnen, die sogenannten *obbligati,* hatten Jahresverträge mit den Latifundienbesitzern, die andere Hälfte, die als die »gefährliche Klasse« des ländlichen Venetiens verschrienen *avventizi,* waren Tagelöhner und nahmen Arbeit an, wo immer sie welche finden konnten. Sie wohnten in Strohhütten ohne Fenster, Türen und Fußböden, die im Inneren vom Rauch des Herdfeuers geschwärzt waren. Ein zeitgenössischer Arzt berichtete, von den Behausungen gehe ein derartiger Gestank aus, dass man sich ihnen kaum zu nähern wage. Unter diesen hygienischen Bedingungen breitete sich in den sumpfigen Niederungen Malaria aus. Weil die Menschen sich fast ausschließlich von Mais ernährten, wütete außerdem überall die Pellagra, eine schwere Vitaminmangelkrankheit.

Obwohl die Grundeigentümer einen Großteil des Jahres in der Stadt wohnten, besaßen sie monumentale Villen, oft von außerordentlicher Schönheit. Manchmal bildeten die Villen den Mittelpunkt des Gutsbetriebes, öfter aber standen sie unabhängig davon inmitten privater Parks und Gartenanlagen. Der Gegensatz zwischen Arm und Reich konnte größer nicht sein. Montesquieu hatte dazu geschrieben: »Der Reichtum ist ein Unrecht, das man wiedergutmachen muß.«[96] Doch diese Einschätzung teilten die Reichen im Italien des 19. Jahrhunderts nicht. Und die heutigen noch weniger. Doch reich zu sein, vor allem sehr reich zu sein, drückt besonders in einer Gesellschaft, in der die Unterschiede groß sind, ein alles andere als ethisches Verhältnis zu den Mitmenschen aus.

Nach der 1848er Revolution wurden im Polesine vor allem die alleinstehenden Häuser wohlhabenderer Bauern, seltener dagegen die Villen der Grundeigentümer überfallen und geplündert. Manchmal gingen die »Banditen«, wenn man sie so nennen darf, gewaltsam gegen ihre Opfer vor, meist aber begnügten sie sich mit ein wenig Geld, Lebensmitteln oder Vieh. Die österreichischen Behörden reagierten mit äußerster Härte auf diese Welle von Diebstählen und Plünderungen. Die *Commissione d'Este*, ein im Juni 1850 eingerichtetes mobiles Militärgericht, stellte ihre Tätigkeit erst vier Jahre später ein, nachdem sie 1204 Personen wegen »Banditentums« den Prozess gemacht hatte. Nur neun Angeklagte wurden freigesprochen. Von den übrigen wurden 414 zum Tod und 781 zu Zwangsarbeit verurteilt, was angesichts der damaligen Zustände in den Gefängnissen von Mantua und Padua auf die Todesstrafe hinauslief. Dieses »Massaker« der Österreicher, denn anders kann man es kaum nennen, ist eine der vergessenen Episoden des Risorgimento. Es genügte, ein Stück Speck, eine Salami oder einen Laib Käse gestohlen zu haben, um vor dem Exekutionskommando zu enden.[97]

1866 musste Österreich Venetien verlassen, aber das Gefälle zwischen Reich und Arm blieb bestehen. Die Eliten reagierten auf dieses schwerwiegendste soziale Problem des 19. Jahrhunderts mit einer Politik der kleinen Schritte und der Hoffnung auf allmähliche Besserung: durch Volksbildung, Wohltätigkeit, Ermutigung zur Gründung von Selbsthilfevereinen und zum Sparen, religiöse Erziehung und die Verurteilung der schlimmsten Ausbeutung.[98] Zu den wenigen von dieser Haltung abweichenden Stimmen des Risorgimento gehörte zum Beispiel Carlo Pisacane. Der ehemalige Offizier im Heer des Königreichs Neapel hatte 1849 die Verteidigung der Römischen Republik organisiert und führte im Juni 1857 die Gruppe von Patrioten an, die im kampanischen Sapri das Zeichen zum Aufstand der armen Tagelöhner des Südens geben wollten. Das Unternehmen endete tragisch, und Pisacane selbst fand dabei den Tod. In seinem postum herausgegebenen Werk *La rivoluzione* (›Die Revolution‹) zeigte er auf, dass die soziale Ungleichheit die Nation untergrabe:

> Das »Elend« ist der Hauptgrund und die nie versiegende Quelle aller Übel der Gesellschaft, ein tiefer Abgrund, der alle Tugenden verschlingt. Das »Elend« schärft den Dolch des Mörders, macht die Frau zur Prostituierten, korrumpiert den Bürger und findet Unterstützer des Despotismus. [99]

Für Pisacane gingen Elend und Unwissenheit Hand in Hand, sie waren die »Schutzengel« der modernen Gesellschaft, die aus den Angeln gehoben werden musste. Anders als Cattaneo war Pisacane davon überzeugt, dass die großen wissenschaftlichen Fortschritte des 19. Jahrhunderts das Problem der sozialen Ungleichheit verschärften, statt es zu lösen. In seinem *Testamento politico* (›Politisches Testament‹), das er am 25. Juni 1857 seiner englischen Freundin Jessie White im Hafen von Genua diktierte, erklärte Pisacane, die moderne Gesellschaft werde von einem »verhängnisvollen ökonomischen Gesetz« regiert, das die Unterschiede nicht ausgleiche, sondern immer mehr Reichtümer in »ganz wenigen Händen« anhäufe.[100] Um dieses grundlegende Unrecht zu beseitigen, sei eine Revolution notwendig, die nicht nur zur Entstehung eines Nationalstaats führen, sondern auch eine sozialistische Gesellschaftsform erzwingen müsse. Sie müsse auf den beiden Pfeilern Gleichheit und Freiheit ruhen. In einer Passage von visionärer Kraft erläuterte er am Anfang seines Werks *La rivoluzione* den Zusammenhang dieser beiden Prinzipien:

> Wie sähe das Ideal einer vollkommenen Gesellschaft aus? Es wäre eine Gesellschaft, in der alle der gleichen

Rechte teilhaftig sind, in der jeder Einzelne seine physischen und moralischen Möglichkeiten voll entwickeln und verwirklichen kann, ohne sich seinem Nächsten unterwerfen oder ihn unterdrücken zu müssen; eine Gesellschaft, in der die Freiheit die Gleichheit nicht mindert.[101]

Pisacane scheiterte, aber die Forderung nach Gleichheit wurde im Laufe der italienischen Geschichte immer wieder erhoben. Dreißig Jahre nach der Repression durch die *Commissione d'Este* fand im Jahre 1884 der erste Massenstreik italienischer Landarbeiter statt, der unter dem Namen »La Boje« (›Es kocht‹) in die Geschichte einging. Die Tagelöhner verweigerten die Erntearbeit und hielten so lange durch, bis die Grundeigentümer einige ihrer Forderungen erfüllten. Diese erste Mobilisierung eines Teils der Arbeiterschaft war hauptsächlich dem glücklichen Zusammentreffen zwischen »Café und Schenke« geschuldet, die der Historiker Tiziano Merlin beschrieben hat.[102] Zum ersten Mal unterstützten Intellektuelle und Kleinbürger der Po-Ebene, die von den sozialistischen und anarchistischen Ideen beeinflusst waren, geistig und materiell die Arbeiterbewegung. Auf dieses Bündnis werde ich im letzten Kapitel zurückkommen.

Die Frage von Gleichheit und Gleichberechtigung kann unter verschiedenen Aspekten analysiert werden: Chancengleichheit, Gleichberechtigung der Geschlechter, Rechtsgleichheit, regionale Angleichung usw. Im Unterschied zur Freiheit, die Eigenschaft oder Eigentum des Individuums oder der Person sein kann, stellt die Gleichheit ihrem Wesen nach eine Beziehung her: Gleichheit *zwischen* Mann und Frau, *zwischen* Kindern in Bezug auf ihre Bildungschancen, *zwischen* Nord und Süd. Ich will mich auf diesen letzteren Aspekt konzentrieren, da er bis heute heftig diskutiert wird.

Zu den entscheidenden Wendepunkten des Risorgimento gehören die Ereignisse in Neapel vom Herbst 1860, nachdem Garibaldi mit seinen Rothemden ganz Süditalien in einem beispiellosen Siegeszug erobert hatte. Giuseppe Mazzini und Carlo Cattaneo, jener ein Verfechter der Einheit um jeden Preis, dieser ein überzeugter Föderalist, versuchten gemeinsam mit anderen Demokraten, Garibaldi zur Einberufung regionaler Parlamente zu veranlassen. Diese sollten die Interessen des Südens vertreten und einen Prozess in Gang setzen, der in die Gründung einer Republik Italien münden sollte, wie sie erst 1946–1948 Wirklichkeit wurde: Ziel war die Ausarbeitung einer Verfassung, deren Prinzipien und Garantien für die ganze Nation Geltung besaßen. Garibaldi aber hielt gehorsam an seinem König Vittorio Emanuele II. geleisteten Treueschwur fest und unterstützte die piemontesische Idee der Plebiszite. Diese Lösung erleichterte und beschleunigte die Schaffung einer Zentralregierung, ließ aber die Frage lokaler Autonomie und Selbstverwaltung völlig außer Acht.[103]

In den folgenden 150 Jahren vergrößerte sich die Kluft zwischen Norden und Süden so sehr, dass Italien heute das Land mit dem tiefgreifendsten regionalen Ungleichgewicht in ganz Europa ist. Nur in den Jahren des »Wirtschaftswunders« (1958–1963) schien sich die Schere zu schließen.[104] Doch am Ende des Jahrhunderts ließen die Gesamtzahlen trotz wirtschaftlichen und politischen Fortschritts eine bedauerliche Entwicklung erkennen. 1990 lag die Kindersterblichkeit im Süden um 30 Prozent über der des restlichen Landes; 67 Prozent des Schienennetzes im Süden waren noch nicht elektrifiziert; die Arbeitslosigkeit von Jugendlichen und jungen Erwachsenen zwischen 14 und 29 Jahren lag bei 44,1 Prozent gegenüber 14,6 Prozent in Mittel- und Norditalien; die Frauen mit Hochschulabschluss fanden kaum Arbeitsplätze usw.[105] Im Süden ist ein Teufelskreis in Gang gekommen, der anscheinend bis heute nicht durchbrochen werden konnte: Die Privatwirtschaft ist schwach, während die staatlichen Ausgaben hoch sind, aber schlecht verwaltet werden. Die Politiker, die auf regionaler und kommunaler Ebene die Verteilung der Summen kontrollieren, ziehen es vor, im Tausch gegen Wählerstimmen und Klientel-Bindungen den Familien direkt Geld zukommen zu lassen, statt in Einrichtungen für die Gemeinschaft wie funktionierende Krankenhäuser, Schulen und Wasserleitungen zu investieren. Zudem ist das geheime Einverständnis zwischen der politischen Klasse und dem organisierten Verbrechen keineswegs ausgerottet, sondern ersteht in neuer Form stets wieder auf. Aus diesen Gründen wandert die junge Generation unaufhaltsam ab, private Unternehmen zögern, im Süden zu investieren, und so schließt sich der Kreis.

Trotz alledem meldet sich der Süden nicht laut und vernehmlich mit positiven Vorschlägen zu Wort. Stattdessen übertönt die negative Stimme der Lega aus dem Norden alles Übrige mit ihrer Forderung nach der Föderalisierung des Steuerwesens als Vorspiel einer möglichen Abspaltung »Padaniens« vom Nationalstaat. Es ist an der Zeit, diesem Projekt im Norden wie im Süden eine Alternative entgegenzusetzen, die ihre Kraft aus der Wiederbelebung eines egalitären Patriotismus zieht. Diese darf sich nicht darauf beschränken, den alten Zentralstaat kaum hörbar zu verfluchen und dessen Fehler und Nachlässigkeiten bereitwillig zu übersehen. Sie muss vielmehr die Idee des Föderalismus aufgreifen, der ein fester Bestandteil der italienischen Geschichte ist. In diesem Sinne sind Formen der Selbstverwaltung zu entwickeln, wie sie am Anfang dieses Kapitels beschrieben wurden, und auf einen Nationalvertrag zu beziehen, wie ihn die Demokraten in Neapel 1860 vor Augen hatten, um die Solidarität zwischen den einzelnen Landesteilen zu bewahren. Um es mit den Worten Cattaneos zu sagen, müssen die kleinen autonomen Republiken eng mit der »großen Republik« verbunden werden.[106] An dieser Stelle ist an die eingangs gestellte Frage zu erinnern, welche Rolle Italien in der heutigen Welt spielen könnte. Sicher nicht die eines Akteurs, dessen reichster Teil sich vom Rest des Landes abspaltet, um noch reicher zu werden.

Diese These findet weitere Bestätigung durch neuere Studien über das Verhältnis von Nationalstaat und Gleichheit. Richard Wilkinson und Kate Pickett haben die Einkommensunterschiede in den entwickelten Ländern durch eine Gegenüberstellung des Anteils der ärmsten und der reichsten Teile der Bevölkerung verglichen.[107] Am ausgeglichensten sind die Lebensbedingungen in Japan und den skandinavischen Ländern, wo das Einkommen der 20 Prozent reichsten Einwohner weniger als viermal so hoch ist wie das Einkommen der 20 Prozent ärmsten. Die letzten Plätze dagegen nehmen Großbritannien, Portugal, die USA und Singapur ein. In diesen Ländern liegt das Einkommen des reichsten Fünftels der Bevölkerung zwischen dem Sieben- und Zehnfachen über dem des ärmsten Fünftels. Italien rangiert ebenfalls weit hinten, da die Reichsten ungefähr sieben Mal reicher sind als die Ärmsten.

Diese Einkommensunterschiede waren Fachleuten längst bekannt[108], doch der Ansatz von Wilkinson und Pickett ist insofern neu, als sie den Zusammenhang zwischen großen Einkommensunterschieden und einigen negativen gesellschaftlichen Faktoren aufzeigen. In vielerlei Hinsicht – so beim mangelnden Vertrauen in den Staat, bei der fehlenden Chancengleichheit der Geschlechter, bei der Verbreitung von psychischen Erkrankungen und Übergewicht und bei der Anzahl von Schulabbrechern, Häftlingen usw. – weisen die Gesellschaften mit starken Einkommensunterschieden schlechtere Ergebnisse auf als diejenigen, in denen der Reichtum gleichmäßiger verteilt ist. Nicht nur der ärmste Teil der Bevölkerung lebt in den reichsten Ländern schlechter, sondern auch die ganze Gesellschaft. Die Autoren der Studie fassen ihre These sehr prägnant zusammen:

> Die Probleme der reichen Länder hängen nicht davon ab, dass die Gesellschaft zu wenig (und auch nicht, dass sie zu viel) Geld hat, sondern davon, dass die Unterschiede innerhalb jeder einzelnen Gesellschaft zu groß sind. Was zählt, ist unsere Stellung im Vergleich zu den Anderen innerhalb unserer Gesellschaft.[109]

In den vielen Tabellen der Studie nimmt Italien nur ein einziges Mal den ersten Platz ein, allerdings ganz anders, als Gioberti sich dies gewünscht hatte, denn es ist ein negativer erster Platz und betrifft die Stellung der Frau.[110] Der Index, an dem die Lage der Frauen in der Gesellschaft gemessen wird, kombiniert die Frauenquote im Parlament, den Einkommensunterschied zwischen Männern und Frauen und den Prozentsatz von Frauen mit Hochschulabschluss. In dieser Hinsicht nimmt Italien den letzten Rang unter den entwickelten Ländern ein, ein sehr reiches Land, in dem sehr wenig Gleichheit herrscht.

Kehren wir zum Abschluss dieses Kapitels nach Venetien zurück. Dort entsteht heute (ebenso wie in der Lombardei) eine Gesellschaft, in der die soziale Ungleichheit so groß ist wie in den fünfziger Jahren des 19. Jahrhunderts im Polesine. An die Stelle der *avventizi* sind die Immigranten getreten, die in ähnlich erbärmlichen Verhältnissen leben, über wenig Rechte verfügen und in den Städten nicht gern gesehen sind. Während sie in den kleinen Fabriken tagsüber lange und hart arbeiten, haben sie in der Nacht zu verschwinden. Ihre Kinder werden, wenn sie überhaupt in die Schule gehen können, getrennt von den anderen Kindern unterrichtet, wie es einst in Südafrika der Fall war. Aber ihr Elend und der Abstand zwischen Arm und Reich fällt auf die ganze Gesellschaft der Region zurück. Wenn man den verachteten und gefürchteten »Anderen« ausgrenzt, muss man sich in streng abgeschirmte Wohnanlagen zurückziehen und die Häuser mit Überwachungskameras ausstatten, dann breiten sich Misstrauen und psychische Störungen aus, die Zahl der Häftlinge steigt, und es entsteht eine Gesellschaft, in der nicht einmal die Reichen gut leben.

Eine solche Gesellschaft ist alles andere als jene, die Cattaneo anstrebte, denn er wollte »soziale Werte« in der Politik durchsetzen.[111] Die Lega dagegen verfolgt ein populistisches Programm, das der Ungleichheit und der Diskriminierung Vorschub leistet – eine Strategie, die letztlich nicht nur ihren Opfern, sondern auch ihren Verfechtern schaden wird.

Sanftmut

Im Februar 1937 verübten zwei junge Eritreer in Abessiniens Hauptstadt Addis Abeba ein Bombenattentat auf Marschall Rodolfo Graziani, den Befehlshaber der italienischen Invasionstruppen. Sieben Menschen starben, Graziani selbst aber wurde nur verletzt. In der Folge kam es zu schrecklichen Vergeltungsmaßnahmen und einem blutigen Massaker, an dem sich nicht nur die Streitkräfte, sondern auch italienische Zivilisten der Hauptstadt wie Kaufleute und Fahrer beteiligten. Häuser wurden in Brand gesteckt, Einheimische mit Bajonetten erstochen und Massenerschießungen durchgeführt. Wie so oft schwanken auch in diesem Fall die Schätzungen über die Zahl der Todesopfer: Zwischen 1400 und 6000 waren es allein in der Hauptstadt – Menschenrechtsverletzungen, für die nie jemand zur Rechenschaft gezogen wurde. Die christlich-koptischen Geistlichen des

Klosterkomplexes Debrà Libanòs aus dem 13. Jahrhundert wurden beschuldigt, den beiden jungen Attentätern Unterschlupf gewährt zu haben. Am 21. Mai 1937 wurden die 297 Mönche des Klosters auf Grazianis Befehl erschossen. Damit nicht genug, ordnete er fünf Tage später auch noch die Hinrichtung von 129 Diakonen an. Alles geschah mit Rückendeckung Mussolinis, der die italienische Strategie in Abessinien bereits am 8. Juli 1936 in einem Geheimtelegramm vorgegeben hatte: »Ich ermächtige Eure Exzellenz noch einmal, gegenüber den Rebellen und ihren Komplizen in der Bevölkerung die Politik des Terrors und der Vernichtung systematisch zu beginnen und durchzuführen«.[112]

Der Historiker Angelo Del Boca, der sich in besonderer Weise darum bemüht hat, diese und andere Verbrechen des italienischen Kolonialismus und Imperialismus bekannt zu machen, erschütterte den Mythos vom »anständigen Italiener«: Die Vorstellung, die Italiener, gutherzig und von tiefer Menschlichkeit, hätten nichts mit dem Faschismus zu tun gehabt, sondern seien ihrerseits Opfer des Krieges gewesen.[113] Del Boca hat Recht, doch bedarf diese Analyse der Ergänzung. Es gibt keine spezifisch »italienische« Grundeinstellung oder Verhaltensweise, die für die gesamte Geschichte des italienischen Nationalstaats verallgemeinert werden kann. Vielmehr existieren verschiedene Traditionen des Verhaltens, von denen einige dominanter oder beherrschender sind als andere, stets jedoch eingebettet in eine Pluralität von Meinungen, Überzeugungen und Handlungsweisen. In diesem Bändchen möchte ich einer anderen als der von Del Boca beklagten Einstellung nachgehen: einer Verhaltensweise, die noch viel weiter zurückliegt und die zu kultivieren uns wohl anstünde.

Zuvor aber gehe ich kurz zurück zum Januar 2009, als ich die italienische Staatsbürgerschaft erhielt. Warum überreichte man mir zusammen mit der Trikolore eine Friedensfahne?

War das bloßes Ornament, eine symbolische Geste in einer politisch linksgerichteten Stadt? Ich glaube nicht. In Artikel 11 der Verfassung, den ich laut vorlesen sollte, heißt es klipp und klar: »Italien lehnt den Krieg als Mittel des Angriffs auf die Freiheit anderer Völker ab.« Diese Formulierung ist das Ergebnis von Debatten in der Verfassunggebenden Versammlung, ein Kompromiss zwischen den katholischen, sozialistischen und kommunistischen Kräften und Ideen.

In der Geschichte der italienischen Republik stand die Wahrung des Friedens immer wieder im Mittelpunkt. Bei Giorgio La Pira etwa, dem katholischen Bürgermeister von Florenz, der zwischen 1952 und 1956 alljährlich einen Weltkongress für Frieden und christliche Kultur veranstaltete. Wir finden dieses Bemühen ebenso in den großen Demonstrationen gegen den Irakkrieg 1993, als die italienische und die spanische Antikriegsbewegung am stärksten und aktivsten war.

Mir geht es hier jedoch nicht um den Pazifismus und seine unterschiedlichen Komponenten, sondern um eine Sanftmut, die zweifellos auch Gewaltlosigkeit bedeutet, gleichzeitig aber noch komplexer und umfassender ist. In seinem berühmten Aufsatz ›Lob der Sanftmut‹ von 1994 wies Norberto Bobbio der Sanftmut ihren Platz innerhalb einer Phänomenologie der Tugenden zu.[114] Bobbio nennt die Sanftmut eine »schwache«, keine starke Tugend, weil sie den Teil der Gesellschaft charakterisiert, »in dem sich die Erniedrigten und Beleidigten finden. Es ist der Teil der Armen, der Untertanen, die niemals Herrscher sein werden.«[115] Andererseits ist Sanftmut nicht gleichbedeutend mit Unterwerfung. Sie ist eine soziale Tugend mit einer gelassenen, ganz anderen Sicht der Welt. »Der Sanftmütige«, so Bobbio, »ist der Mensch, den der andere braucht, um das Böse in sich selbst zu besiegen.«[116] Die Sanftmut ist mit Bescheidenheit und Demut verwandt, zugleich aber ehrgeiziger als diese, weil sie in ihrer alltäglichen Ausdrucksform eine andere, bessere Welt entwirft, eine Welt, die es noch nicht gibt und vielleicht niemals geben wird. Zu den vielen komplementären Tugenden der Sanftmut zählen die Schlichtheit und die Barmherzigkeit, die Klarheit, die Verständlichkeit und das Mitgefühl. Am Ende seines Essays bekennt Bobbio, dass er die Sanftmütigen liebt, denn »sie machen diese Erde bewohnbarer«. Ihre Utopie ist nicht die eines idealen Staats, in dem »eine so strikt befolgte Gerechtigkeit herrscht, dass sie schon wieder unerträglich wird«. Es ist, so Bobbio, vielmehr eine Welt, in der »alle Sitten und Gebräuche sich durch Liebenswürdigkeit auszeichnen« – wie in dem idealisierten China der europäischen Schriftsteller des 18. Jahrhunderts. Kann sein, schreibt Bobbio am Ende, dass die Sanftmut eine weibliche Tugend ist. »Ich gebe es unumwunden zu.«[117]

Einem Abschnitt dieses erhellenden Essays kann man jedoch nur schwer zustimmen. Es ist der Abschnitt, in dem Bobbio behauptet, die Sanftmut sei keine politische Tugend, »im Gegenteil, sie ist die unpolitischste aller Tugenden«.[118] Dieses Urteil beruht auf einer ganz bestimmten, sehr eng gefassten Definition von Politik, die Bobbio auch sofort erläutert. Er verweist auf das achtzehnte Kapitel von Machiavellis *Der Fürst*, in dem der Löwe und der Fuchs als Symboltiere des politischen Menschen auftauchen. Für das »sanfte« Lamm, so Bobbio, sei da kein Platz, allenfalls der des prädestinierten Opfers. Doch die machiavellistische Sicht der Politik ist keineswegs die einzig mögliche und auch nicht die der Demokratie angemessenste. Der von Bobbio so geschätzte Cattaneo etwa definierte die Politik als die »Wissenschaft von den sozialen Beziehungen«. Je größer das in Betracht gezogene soziale Terrain sei, desto »geschlossener und deutlicher« werde das Konzept der Politik. Die Sanftmut als soziale Tugend hat in diesem Konzept ihren festen Platz.[119]

Diese Differenzierungen haben durchaus einen Sinn. Das Beispiel Gandhi als Inbegriff der Sanftmut zeigt, wie schwierig es ist, diese Tugend nach den machiavellistischen Kategorien zu beurteilen.[120] Der britische imperiale Löwe hat vergeblich versucht, Gandhi zu verschlingen. Seine Geschichte kann uns nur ermutigen, nicht zwischen starken und schwachen Tugenden zu unterscheiden, sondern im Gegenteil eine besonders kühne Kombination aus beiden zu definieren: die der *mitezza* (Sanftmut) und *fermezza* (Festigkeit). Eine meiner Ansicht nach für die heutige Politik empfehlenswerte Kombination – und eine Strategie, die bereits in der italienischen Geschichte ihre Spuren hinterlassen hat, der Aspekt, der uns hier am meisten interessiert.

Die Verbindung von Sanftmut und Christentum in der Geschichte Italiens hat tiefe Wurzeln und ist überall präsent. In schriftlicher Form finden wir sie in den Evangelien, besonders bei Matthäus 11,29-30: »Nehmt auf euch mein Joch und lernt von mir; denn ich bin sanftmütig und von Herzen demütig.« Und noch deutlicher in den Homilien des heiligen Johannes Chrysostomos über David und Saul. Chrysostomos verwendet *praòtes* (Sanftmut) in der Doppelbedeutung als Mäßigung des Zorns und als machtvolle Waffe, die Veränderungen bewirken kann. In Wirklichkeit ist es diese zweite, »soziale« Bedeutung von *praòtes* – einen gewalttätigen Feind (in diesem Fall Saul) mit Geduld und Entschlossenheit davon zu überzeugen, dass sein Handeln falsch ist –, auf die Johannes Chrysostomos mit besonderem Nachdruck verweist.[121]

In der katholischen Kirche wird die Jungfrau Maria zwar weniger mit der Sanftmut im eigentlichen Sinn, dafür aber mit den verwandten Tugenden der *dolcezza* (Milde), dem geduldigen Ertragen von Leid und mit der Herzensgüte in Verbindung gebracht. Auch ist Maria den Gläubigen in besonderer Weise nahe und wird deshalb innig verehrt, auch außerhalb des offiziellen Kults. Die Darstellungen der christlichen Kunst vor allem der Renaissance zeigen ein ganz bestimmtes Bild der göttlichen Natur und eine sehr spezifische Interpretation des Männlichen und Weiblichen, in der die Sanftmut oft eine wichtige Rolle spielt. Beispiele sind der *Einzug Jesu in Jerusalem*, wie ihn Giotto in der Cappella degli Scrovegni in Padua gemalt hat, die verschiedenen Darstellungen der *Verkündigung* von Beato Angelico oder auch Raffaels *Traum des Ritters* in der National Gallery in London.

Verlassen wir nun den religiösen Bereich und wenden uns dem juristischen zu. Begeben wir uns in das Italien der zweiten Hälfte des 18. Jahrhunderts. Ein Kapitel von Cesare Beccarias berühmter Schrift *Dei delitti e delle pene* (›Von den Verbrechen und von den Strafen‹) (1764) trägt den Titel ›Milde der Strafen‹.[122] Dafür, dass eine Strafe ihren Zweck erreicht, so Beccaria, genügt es, »dass das Übel der Strafe den aus dem Verbrechen erwachsenden Nutzen überwiegt; [...] alles, was darüber hinausgeht, ist demnach überflüssig und somit tyrannisch.« Beccaria »erschauderte vor Entsetzen beim Lesen der Berichte über die barbarischen und nutzlosen Quälereien, welche Menschen, die sich weise nannten, kalten Gemüts erfunden haben.« Und er erschrak über die vielen gerichtlichen Anklagen und Strafen, die die Armen zu erleiden hatten; der Zusammenhang mit unserer Analyse der Gleichheit liegt auf der Hand:

> Wer bringt es über sich, nicht mit ganzer Seele zu zittern, wenn er Tausende Unglücklicher sieht, die vom Elend, welches die Gesetze, die immer die Wenigen begünstigt und die Vielen gekränkt haben, befehlen oder zulassen, zu einem verzweifelten Rückzug in den ersten Naturzustand gedrängt worden sind – jene Unglücklichen, die wegen unmöglicher oder von ängstlicher Unwissenheit

erdachter Verbrechen angeklagt worden sind oder wegen nichts anderem beschuldigt werden als deswegen, dass sie ihren Grundsätzen treu geblieben sind, und die als belustigendes Schauspiel für einen fanatischen Pöbel mittels kalter Förmlichkeiten und mit langsamen Foltern zerfleischt werden?[123]

Auf das Kapitel ›Milde der Strafen‹ folgt ›Von der Todesstrafe‹, in dem Beccaria seine Thesen zur Abschaffung der Todesstrafe darlegt. Wie jeder italienische Schüler weiß, war das Großherzogtum Toskana der erste Staat der Welt, der 1786 per Gesetz die Todesstrafe abschaffte. Franco Venturi zufolge war dieses Gesetz »ein entscheidendes Moment in der Geschichte unseres Landes«.[124] In ihm klingen immer wieder Beccarias Ideen an, aber auch Einwände und Kritik an seinen Positionen.

Am Ende dieses Kapitels möchte ich einige Ausprägungen der *mitezza* (Sanftmut) und *fermezza* (Festigkeit) in der Geschichte des Risorgimento untersuchen. Die Helden des Risorgimento sind zweifellos romantische Gestalten, auch wenn sie nicht der klassischen Typologie des romantischen Helden entsprechen. Der romantische Held, so Lilian Furst,[125] ist eine durchaus zwiespältige Erscheinung, unablässig schwankend zwischen Held und Antiheld, fähig zu großmütigen Taten, aber auch zur Zerstörung seiner selbst und der Menschen, die ihm begegnen. Auch wenn sein nobles Verhalten und seine Empfindsamkeit ihn sympathisch machen, steht er mit seinem Verhaltenskodex der konventionellen Moral oft eher ablehnend gegenüber. Der Prototyp dieses romantischen Helden ist freilich Lord Byron.[126]

Einigen dieser Eigenschaften begegnen wir aber auch bei den Aktivisten des Risorgimento, die im Kampf für die Freiheit ihr Leben aufs Spiel setzten. Bei den Berichten aus dieser Zeit fällt auf, wie häufig das Wort *dolcezza* (Milde) vorkommt. Mazzini schreibt Goffredo Mameli, der 21jährig bei der Verteidigung Roms 1849 sein Leben verlor, eine »fast kindliche *dolcezza*« zu.[127] Derselbe Begriff wird mehrfach zur Charakterisierung Garibaldis verwendet. Augusto Vecchi, der 1861 zusammen mit Garibaldi auf der Insel Caprera war, erzählt, der General habe eine ganze Nacht lang ein verirrtes Lämmchen gesucht und sich dann um es gekümmert. »Sie lagen zusammen im Bett. Und er gab dem Lämmchen Milch aus einem Schwamm zu trinken«.[128] Als Garibaldi 1862 Alessandro Manzoni besuchte, überreichte er ihm, aus der Kutsche steigend, eine Blume aus Caprera. All das zielt natürlich darauf ab, den eigenen Mythos aufzubauen. Bedeutsam für unsere These ist jedoch die Wahl der Symbole: das Lämmchen und die Blume.[129]

Die Briefe, die Settembrini und Santorre di Santarosa aus dem Gefängnis beziehungsweise dem Exil an ihre Angehörigen richteten, bekunden liebevolle Zuneigung und große Herzensgüte. Die Ursprünge dieser *dolcezza* müssen offenkundig in der tieferen Geschichte der italienischen Familie gesucht werden. Gewiss spielt das ikonographische Modell der christlichen Märtyrer eine gewisse Rolle, so antiklerikal diese Protagonisten des Risorgimento auch gewesen sein mögen.[130] Vielleicht könnte man sogar sagen, dass die enge Mutter-Sohn-Beziehung, die oft als Grund für die Defizite im privaten und öffentlichen Leben Italiens genannt wird, auch am Ursprung der – keineswegs negativ verstandenen – Feminisierung des italienischen Helden des 19. Jahrhunderts steht. Die Beziehung der Mutter zu ihren im Risorgimento kämpfenden Söhnen – und dafür gibt es zahllose Beispiele – könnte eine tragende Säule dieser faszinierenden Besonderheit sein.

Die *dolcezza* verband sich mit der Bereitschaft zur Selbstaufopferung und zur *fermezza* (Festigkeit) im Kampf. Keiner dieser Helden des Risorgimento, auch wenn er gutmütig war, schreckte vor der Gewalt zurück. Häufig aber zeigte er Mitgefühl im Kampf, und wenn die Waffen ruhten, konnte die *dolcezza* wieder die Oberhand gewinnen, im Leben wie im Sterben. Und während der typische romantische Held seinen eigenen Tod als den natürlichen Abschluss der absteigenden Spirale seines Lebens betrachtet, war diese Spirale für den Helden des Risorgimento aufsteigend, und der Tod galt ihm als Akt der Erlösung und Verwirklichung. Mit diesem Gefühl gingen Santorre di Santarosa in Sphakteria, die Brüder Bandiera bei Crotone und Pisacane in Sapri in den Tod.

In zeitgenössischen Berichten über den Zug der Tausend und ihre Landung auf Sizilien im Jahr 1860 taucht eine Vielzahl widersprüchlicher Haltungen und Persönlichkeiten auf. Zu den negativen Figuren zählt zweifellos Nino Bixio, der für die blinde Anwendung von Gewalt berüchtigt war. In seinem Bericht *I Mille* (›Die Tausend‹), einem faszinierenden Zeugnis der Expedition, erzählt Giuseppe Bandi von einem Zwischenfall im Hafen von Paola, als sich Bixios Division nach Neapel einschiffte. Bixio hatte seinen Soldaten verboten, sich aufs Deck zu legen. Als er sah, dass einige ausländische Freiwillige seine Anweisung nicht befolgten, sprang er an Bord und fing an, mit dem Lauf des erstbesten Karabiners, der ihm in die Hände fiel, auf die Soldaten einzuschlagen – und zwar mit solcher Wucht, dass »ein armer ungarischer Trompeter so schwere Schädelverletzungen davontrug, dass kaum Hoffnung bestand, er werde den nächsten Tag erleben.«[131]

In zahlreichen anderen Episoden treten entgegengesetzte, tief verwurzelte Verhaltensmuster zutage. In einem Fall ist Bandi selbst der Protagonist. In der Schlacht von Calatifimi, der ersten und entscheidenden Auseinandersetzung der Garibaldiner mit den bourbonischen Truppen in Sizilien, wurde Bandi verwundet und lag neben einem gleichfalls verwundeten neapolitanischen Soldaten, mit dem er ein denkwürdiges Gespräch führte. In Bandis Schilderung dominieren die Tugenden der *mitezza* (Sanftmut) und *fermezza* (Festigkeit), aber auch das Mitleid (für Simone Weil ein zentrales Element) und die tiefe Überzeugung, einer höheren Kultur anzugehören, die frei ist von Scheinheiligkeit und Aberglauben.

> Ich dachte, auch er ist ja ein Mensch aus Fleisch und Blut und noch dazu Italiener wie ich. Voller Mitgefühl sagte ich zu ihm: »Bruder, schrei nicht so, das tut dir weh; übe dich in Geduld, wie ich.« Als der Neapolitaner mich hörte, schrie er noch lauter. Und als er meiner ansichtig wurde, fing er an, alle Heiligen im Himmel anzurufen [...] »Du Ochse«, sagte ich, »siehst du nicht, dass auch ich verwundet bin und vielleicht mehr leide als du? Glaubst du, ich sei ein wildes Tier? ... Glaubst du, wir seien gierig nach dem Blut der armen Kreaturen, wie es dir diese Esel, deine Offiziere, erzählt haben?« Daraufhin beruhigte sich mein Neapolitaner einigermaßen und sagte: »Herr Piemontese, rettet mich, ich bitte euch ... ich hatte Angst, dass ihr Sizilianer seid und mich töten wollt.«[132]

Als weitere Freiwillige eintrafen, trug Bandi ihnen auf, den Soldaten neben ihn zu legen, um ihn vor den sizilianischen Bauern besser beschützen zu können, die als Freiwillige an der Seite Garibaldis in die Schlacht gezogen waren. Der Neapolitaner »ergriff augenblicklich meine Hand und drückte seine Lippen darauf, als wollte er mich verschlingen [...]. Ich entzog dieser Klette meine Hand und sagte: ›Weg, du Dummkopf, hältst du mich etwa für deinen Pfarrer oder für den Bischof von Nola? Kopf hoch, saug diese halbe Zitrone hier aus und hab keine Angst.‹«

An einem bestimmten Punkt ihrer Geschichte stellt sich jede Nation die Frage, welche inneren Werte sie vertritt und welche Ziele sie verfolgen soll. Einige Nationen tun dies ständig, andere, die selbstbewusster oder selbstgefälliger sind, eher selten. Manchmal muss erst eine große nationale Katastrophe hereinbrechen, damit ein Land die eigenen Fundamente kritisch reflektiert – wie es 1940 in Frankreich der Fall war. Andere Länder vermeiden es um jeden Preis, sich ihrer Vergangenheit zu stellen – wie die Türkei im Falle ihrer Verantwortung für den Genozid an den Armeniern 1915 oder Japan im Hinblick auf die Massaker und Gräueltaten während der Besetzung Chinas (1937–1945). Wie zu Beginn dieses Kapitels dargelegt, hat auch Italien die Grausamkeiten, die unter dem Faschismus in seinem Namen begangen wurden, nie wiedergutzumachen versucht. Dass diese Grausamkeiten nicht an die Barbarei der Nationalsozialisten heranreichen, rechtfertigt das offizielle Schweigen, die Blindheit oder das Ausmaß der Verdrängung nicht.[133]

In den Jahren 1992 bis 1994 wurde Italien von einer schweren politischen Krise erschüttert. Die Regierungsparteien wurden des Fehlverhaltens und der Korruption angeklagt, das alte Parteiensystem brach zusammen. Die Konsequenz war jedoch nicht ein neuer Regierungsstil, sondern ein Regime, in dem sich die politische Macht und die kulturelle Kommunikation immer mehr in den Händen eines einzelnen Mannes konzentrierten. Eine Vielzahl von Gesetzen, die ganz auf ihn zugeschnitten waren, stellte ihn zugleich über das Gesetz. Im folgenden Kapitel werde ich genauer auf die Grundzüge des Regierungssystems Silvio Berlusconis eingehen. An dieser Stelle soll die Bemerkung genügen, dass die demokratischen Institutionen Italiens zwar formal intakt geblieben sind, aber zunehmend populistisch gehandhabt werden.

Angesichts einer nationalen Krise von solchen Ausmaßen ist es höchste Zeit, dass Italien sich einer Selbstprüfung unterzieht. Als Antwort auf die Frage nach dem Platz Italiens in der heutigen Welt möchte ich ein Modell vorstellen, das auf vier Elementen basiert: Selbstverwaltung, verstanden als Prozess der Selbsterziehung; eine Haltung zu Europa, die nicht passiv, sondern konstruktiv ist; Gleichheit, verstanden nicht als Abschaffung des Privateigentums oder als Auslöschung von jeglichem Individualismus, sondern als solides Fundament für den Aufbau einer besseren, harmonischeren und weniger zerrissenen Gesellschaft; und schließlich *mitezza* (Sanftmut) gepaart mit *fermezza* (Festigkeit) – eine Kombination »schwacher« und »starker« Tugenden als dem neuen Fundament der Politik.

Italien retten – wovor?

Dieses Kapitel versucht eine tiefergehende Analyse jener Faktoren, die ich als Hindernis auf dem Weg zu der gerade skizzierten Erneuerung betrachte. In der Vorrede habe ich einige dieser Faktoren bereits erwähnt. Die Liste ließe sich natürlich erweitern, doch der begrenzte Raum, der mir hier zur Verfügung steht, zwingt mich zu einer radikalen Auswahl.

Es ist immer ein Wagnis, nach historischen Ursachen und Wirkungen zu fragen. Es gilt, ständig zwischen langfristigen und kurzfristigen Ursachen abzuwägen, zwischen aktivem Handeln (*agency*) und den bestehenden Strukturen, also zwischen bewussten individuellen Entscheidungen und den strukturellen Gegebenheiten und deren jeweiligem Gewicht; zwischen dem Sichtbaren und dem Unsichtbaren, indem man den der Politik zugeschriebenen Primat des Handelns anderen, weniger offenkundigen Bereichen gegenüberstellt. Im Bewusstsein all dessen möchte ich vier große Problembereiche nennen, vor denen das heutige Italien steht: eine zu starke Kirche in einem zu schwachen Staat; die Allgegenwart des Klientelismus; die Wiederkehr der Diktatur als Regierungsform; und schließlich die Ideenarmut der Linken. Die beiden ersten sind strukturelle, langfristige Faktoren, die beiden anderen kurzfristigere, konjunkturell bedingte, individuelle und politische Faktoren. Auch die beiden strukturellen Faktoren verstehe ich natürlich nicht so, dass sie unaufhebbar oder gar »anthropologisch« gegeben sind.

Eine zu starke Kirche in einem zu schwachen Staat

Die meisten Protagonisten des Risorgimento teilten die Auffassung, dass die katholische Kirche als Institution und weltliche Macht ein Haupthindernis für die nationale Einigung Italiens war. Ewas anderes wäre auch kaum vorstellbar gewesen. Die prekären Lebensbedingungen der Bewohner des Kirchenstaats und die repressive Herrschaft des Papstes waren in ganz Europa bekannt. Als Shelley im April 1819 Rom besuchte, war er entsetzt, als er auf dem Petersplatz dreihundert Gefangene in Ketten Zwangsarbeit verrichten sah:

> Das dissonante Klirren dieser zahllosen Eisenketten erfüllt die Luft – ein Missklang zum melodiösen Plätschern der Brunnen, der tiefblauen Schönheit des Himmels und der Großartigkeit der Architektur, der einen an Wahnsinn grenzenden Widerstreit der Gefühle auslöst. Das ist das Wahrzeichen Italiens: moralischer Niedergang in schreiendem Kontrast zur Herrlichkeit der Natur und der Künste.[134]

Fast ein Jahr zuvor hatte Sismondi, dem wir schon öfter begegnet sind, den sechzehnten und letzten Band seiner Geschichte der italienischen Republiken im Mittelalter veröffentlicht. Kapitel CXXVII trägt die Überschrift: »Was sind die Gründe, die den Charakter der Italiener nach der Unterwerfung ihrer Republiken veränderten?« In seiner Antwort nimmt die katholische Kirche breiten Raum ein. Sismondi zählt 22 verderbliche »Tatsachen« in der Geschichte der Kirche auf: unter anderem die extreme Zentralisierung und Orthodoxie nach der Gegenreformation, die Päpste, die sich nach der Reformation nicht mehr »in den Dienst der Völker, sondern der Könige« stellten; und der im Vergleich zu anderen europäischen Ländern abnorme Einfluss der katholischen Religion in Spanien und Italien. Sismondi, der im calvinistischen Genf aufgewachsen war, sah in der katholischen Moralauffassung »die Ursache für Verkommenheit und Aberglauben«. Sie lehre die Menschen den Selbstbetrug, so dass kein anderes Volk der Welt die religiösen Vorschriften so streng befolgte und doch so wenig bereit sei, die Tugenden des Christentums zu respektieren.[135]

Alessandro Manzoni, ein glühender Katholik und Verfasser der *Promessi sposi (Die Brautleute),* fühlte sich von diesen Vorwürfen so getroffen, dass er 1819 seine *Osservazioni sulla morale cattolica* (›Betrachtungen über die katholische Moral‹) veröffentlichte. Wie schon bei Madame de Staël und den Romantikern befinden wir uns im frühen 19. Jahrhundert im Zentrum einer regen Debatte. Manzoni erklärte, wenn er Sismondi schon nicht auf historischem Terrain schlagen könne, so doch gewiss auf moralischem. Die katholische Kirche, so behauptete er mit Inbrunst, habe eine klare und einmalige Vorstellung von den Pflichten ihrer Mitglieder. Manzonis Botschaft war dezidiert; sie stützte sich auf eine Reihe ganz bestimmter Tugenden, darunter Brüderlichkeit, Opferbereitschaft, Mitgefühl und Nächstenliebe.

> Die Kirche will, dass ihre Kinder streng seien gegen sich selbst, aber gegen die Leiden ihrer Brüder will sie sie voll zarten Mitgefühls, und um sie so zu machen, stellt sie ihnen das gleiche Beispiel vor Augen: den Gott-Menschen, der da weinte bei dem Gedanken an das Unheil, welches hereinbrechen würde über die Stadt, in der er den grausamsten Tod erleiden sollte. O, sicherlich lässt sie das Gefühl des Mitleids nicht müßig sein, diese Kirche, welche in dem Gottesworte »caritas« die Liebe Gottes und die Liebe der Menschen stets vereint, sozusagen verschmolzen hält.[136]

Wenn die Menschheit nicht in der Lage sei, sich diesem so expliziten und außergewöhnlichen Modell gemäß zu verhalten, könne man dafür nicht die Kirche verantwortlich machen. Schuld sei der Mensch.

Ein paar Jahre später, im Dezember 1829, schrieb Sismondi in einem Brief an eine Freundin, wie schwierig es sei, mit Manzoni zu diskutieren. Ihre Standpunkte seien gegensätzlich und unversöhnlich:

> Manzoni und ich sind wie zwei Raufbolde, die sich im Dunkel der Nacht schlagen möchten, ohne einander zu sehen. Während er glaubt, mir in einer Ecke des Zimmers Schläge zu versetzen, befinde ich mich in der anderen Ecke, und wir erreichen einander nicht. Wir sprechen über ganz unterschiedliche Dinge, wir haben nicht dieselben Ideen im Blick.[137]

So waren bereits vor den dramatischen Ereignissen 1848/49 gewisse Frontlinien gezogen. Zwischen 1846 und 1848, mit der Wahl des neuen Papstes Pius IX., herrschte zwischen der patriotischen Bewegung und dem Papst kurzzeitig Harmonie, die Gioberti vorübergehend Grund zur Hoffnung gab. Die Öffnung Pius' IX. bildete den Auftakt zu zahlreichen Kundgebungen und Initiativen auf der gesamten italienischen Halbinsel und rüttelte die Zivilgesellschaft aus ihrem Dornröschenschlaf. Doch die Situation veränderte und radikalisierte sich binnen weniger revolutionärer Monate, die in der Flucht Pius' IX. aus Rom und der Proklamation der Römischen Republik 1849 gipfelten. In Gaeta gab der Papst die Enzyklika *Nostis et nobiscum* (1849) heraus, in der er von »schändlichen Machenschaften« sprach, die das Papsttum zugrunde richten wollten. Elf Jahre später, als Cavour nach Garibaldis Landung in Sizilien die Territorien des Kirchenstaats besetzte, exkommunizierte Pius IX. alle an der Aktion beteiligten Patrioten. 1864 schließlich veröffentlichte er den

Syllabus Errorum (›Verzeichnis der Irrtümer‹). Die Unduld-
samkeit hatte allerorten die Oberhand gewonnen. Für Religionsfreiheit, für Meinungs- und Pressefreiheit war jetzt kein
Platz mehr. Das Leben sollte mit den Grundsätzen der höchsten kirchlichen Autorität im Einklang stehen. Dem Fortschritt, dem Liberalismus und »der modernen Zivilisation«
stand der Papst unversöhnlich gegenüber. Die Kirche sah in
der modernen Welt keine Rolle für Italien: Weder Italien
noch der Modernismus hätten eine Existenzberechtigung.

Angesichts so extremer Positionen kann es nicht überra-
schen, dass die Generationen des Risorgimento eine äußerst
kritische Haltung gegenüber der Kirche einnahmen, wie
Foscolo und Sismondi eine Generation zuvor. Nicht nur bei
den Republikanern und Demokraten stand nach 1848 der
Antiklerikalismus auf der Tagesordnung. Garibaldi hatte
selbstverständlich nur Verachtung für den Papst übrig. Als
er sich 1860 auf die Insel Caprera zurückzog, taufte er seine
vier Esel Napoleon III., Oudinot (nach dem französischen
General, der die Römische Republik zu Fall gebracht hatte),
Pius IX. und Unbefleckte Empfängnis. Auch Carlo Cattaneo
fand starke Worte:

> Warum zeigt sich fast der gesamte Tessiner Klerus als
> Feind der Freiheit? Warum bedroht er die Republik? Wa-
> rum sät er mit vollen Händen Zwietracht in Kirchen und
> Zirkeln? Warum fordert er als Gunstbeweis gegenüber der
> Kirche von dem fremden Machthaber die Schließung der
> Grenzen, den Niedergang des Handels, die Vertreibung
> Tausender Unschuldiger? [...] Die wahre Kirche, die
> Christus eingesetzt hat und die in der Apostelgeschichte
> beschrieben ist, war eine Republik [...]. Priester des Tes-
> sin, ihr armen und verderbten Sklaven, hört auf, unserer
> Freiheit nachzustellen, sondern lasst euch helfen, eure
> Ketten zu sprengen.[138]

Doch die klügste Kritik am Verhalten und den Entscheidungen der Kirche in der ersten Hälfte des 19. Jahrhunderts äußerte der gemäßigte Cavour, der langfristig den größten Einfluss ausübte.[139]

Im März/April 1861 legte Cavour in drei denkwürdigen Reden die Doktrin der »freien Kirche in einem freien Staat« dar, die zur Grundlage der Kirchenpolitik des neuen italienischen Staates wurde.[140] Cavours These war ebenso scharfsinnig wie überzeugend. In Anbetracht des tief verwurzelten Katholizismus der Italiener könne es nicht darum gehen, die Kirche zu zerschlagen. Er verlangte von ihr lediglich den Verzicht auf die weltliche Macht, die ohnehin ihrem Ruf nur schaden könne. Die Verbindung von geistlicher und weltlicher Macht habe stets Unheil gebracht, so Cavour. Zur Untermauerung seines Befundes verwies er auf das Osmanische Reich. Der Vergleich ist treffend, dürfte aber dem Papst nicht gefallen haben:

> Ich hatte die Ehre, mehrere herausragende Staatsmänner dieses Landes kennenzulernen, die mich mit der Weite ihrer Ansichten und dem Liberalismus ihrer Grundsätze überraschten; trotzdem ist ihr Wirken bisher beinahe fruchtlos geblieben; und warum, meine Herren? Weil in Konstantinopel genau wie in Rom die geistliche und die weltliche Gewalt in einer Hand liegen.[141]

Es war an der Zeit, die beiden Gewalten zu trennen. Die Kirche sollte dem staatlichen Recht unterworfen werden, und die Religionsfreiheit musste garantiert sein, ohne dass dem Katholizismus besondere Privilegien eingeräumt wurden. Vor allem aber sollte sich die Kirche nicht in die Führung des Staates einmischen. Dafür würde sie die volle Handlungsfreiheit in pastoralen und geistlichen Angelegenheiten erhalten, die durch ein Konkordat garantiert werden könne. In einer entscheidenden Passage erläutert Cavour, dass die Lösung der Römischen Frage aus der Überzeugung erwachsen muss, die sich in der modernen und auch in der katholischen Gesellschaft in Zukunft immer weiter ausbreiten wird: dass nämlich *die Freiheit der Entfaltung des wahren religiösen Empfindens in höchstem Maße förderlich ist.*[142]

Pius IX. und – man muss es sagen – viele seiner Nachfolger vertraten die gegenteilige Auffassung und betrachteten die Freiheit als eine der gefährlichsten der zahlreichen verderblichen Errungenschaften der Moderne.

Wie weit sind wir seit den bahnbrechenden Reden Cavours gekommen? Wenn wir die Kirche hinsichtlich der Werte betrachten, die Manzoni in seiner Antwort auf Sismondi nannte – Mitgefühl, Brüderlichkeit, Demut und Nächstenliebe –, wird deutlich, dass sich die Kirche in der italienischen Gesellschaft karitativ stark engagiert. Allein in den letzten Jahren widmeten sich viele katholische Freiwillige den verzweifeltsten Mitgliedern dieser wohlhabenden italienischen Gesellschaft: den Obdachlosen (Schätzungen zufolge waren es im Jahr 1990 allein in Mailand 2000), den Alten und Hilflosen, den Aids-Kranken, Drogenabhängigen und Einwanderern, denen die Kirche nicht nur materielle, sondern auch moralische Unterstützung und den Schutz der Menschenwürde gewährte.

Auch im Vergleich zu den Anschauungen des *Syllabus* hat sich die Kirche gewandelt: in ihrem ökumenischen Anliegen, in einer vorsichtigen Öffnung zur Demokratie und schließlich auch durch ein entschiedenes Eintreten für den Frieden. Doch nach wie vor hegt die Kirche ein tiefes, ja ängstliches Misstrauen gegenüber der Moderne. Sie tut sich schwer, dem von Cavour gewiesenen Weg der Verbindung von Freiheit und echter Religiosität zu folgen und verurteilt stattdessen

Bekundungen der Freiheit als Ausdruck von Zügellosigkeit und Ausschweifung. Trotz der reformerischen Impulse unter Papst Johannes XXIII. und trotz des Zweiten Vatikanischen Konzils hat es die italienische Kirche in den wichtigsten Kämpfen für die Freiheit des Individuums am Ende des 20. Jahrhunderts an Offenheit fehlen lassen.

Nirgends wird die Kluft zwischen dem Katholizismus und der Moderne deutlicher als in der Frage der Gleichstellung der Geschlechter. Während die Kirche von England sich bemüht, zentrale interne Strukturen umzugestalten, bleibt die katholische Kirche in vielen Fragen, die eng mit der Freiheit verbunden sind, nach wie vor unbeweglich. Sie sagt Nein zum Priestertum von Frauen, Nein zur Priesterehe, Nein zu sexueller Freizügigkeit. Die Homosexualität wird als Krankheit und Sünde betrachtet. Vor allem aber hält die Kirche in ihrer Hierarchie und im Glauben an den alten patriarchalischen Strukturen fest. In diesem Zusammenhang sind die zahlreichen Fälle von Pädophilie zu sehen – Geistliche, die ihre väterliche Autorität über die ihnen anvertrauten Kinder und Jugendlichen missbraucht haben. Dieser Skandal hat einmal mehr gezeigt, dass vieles vertuscht wird und Transparenz fehlt.

Bei der Suche nach einem neuen Paradigma für Italiens Stellung in der heutigen Welt habe ich Selbstverwaltung und Gleichheit als zwei Grundelemente definiert. Von beiden ist die heutige Kirche noch sehr weit entfernt.[143]

Den eigentlichen Rückschritt jedoch vollzog die politische Klasse Italiens, die unfähig zu sein scheint, eine laizistische politische Kultur zu verwirklichen, die diesen Namen verdient und sich Cavours Andenkens würdig erweist. In der italienischen Republik nach dem Zweiten Weltkrieg wurden die Weichen im März 1947 gestellt, als die Verfassunggebende Versammlung zu entscheiden hatte, ob die 1929 zwischen Mussolini und Pius IX. geschlossenen Lateranverträge in die neue Verfassung aufgenommen werden sollten oder nicht.[144] Im Rückblick sind sich katholische wie kommunistische Historiker einig, dass deren Aufnahme unumgänglich war, um eine Verschärfung der politischen Situation zu vermeiden, die »den Fortbestand der Demokratie unmöglich« gemacht hätte, wie Giorgio Candeloro es formulierte.[145] Es stimmt allerdings, dass damit das alte Programm des Risorgimento – »eine freie Kirche in einem freien Staat« – definitiv begraben wurde.[146] (Christdemokraten, Kommunisten, Qualunquisten – die Anhänger der ›Jedermann-Bewegung‹ / ›L'Uomo qualunque‹ – Monarchisten und die meisten Liberalen stimmten für Artikel 7, Sozialisten, Republikaner, die Repräsentanten der Aktionspartei und der Demokratie der Arbeit sowie einige Liberale stimmten dagegen.)

Seither nahm die politische Klasse Italiens eine insgesamt unterwürfige Haltung gegenüber der Kirche ein, aus Angst, es sich mit dem Vatikan zu verscherzen und Wählerstimmen zu verlieren. Symptomatisch für die unentschiedene Haltung der großen Linksparteien ist, dass die wichtigen Kämpfe für die individuellen Freiheiten, die in den siebziger und achtziger Jahren geführt wurden, nicht auf ihre Initiative zurückgingen, sondern auf kleine Gruppen inner- und außerhalb des Parlaments. Groß sind die Unterschiede zwischen dem mutigen und erfolgreich umgesetzten Reformprogramm der Regierung Zapatero in Spanien und den paralysierten Mitte-Links-Regierungen in Italien. Sismondi hatte beklagt, dass sich die Kirche in Spanien und Italien, verglichen mit anderen europäischen Ländern, zu stark einmische. Aber letztlich ging Spanien doch sehr entschieden auf Distanz zur Kirche. Italien ist als einziges Land rückständig geblieben, und die permanente Einmischung der Kirche, vor allem in den vergangenen Jahren, ist ein beunruhigendes Phänomen.

Die Allgegenwart des Klientelismus

Die Definition des Klientelismus von James C. Scott 1972 in seiner Untersuchung über den politischen Wandel in Südostasien hat heute noch Gültigkeit. Die Beziehung zwischen dem Patron und dem Klienten, so Scott,

> kann als Sonderfall einer dyadischen Beziehung (zwischen zwei Personen) betrachtet werden, die eine weitgehend instrumentelle Freundschaft beinhaltet und aufgrund derer ein Individuum mit einem höheren sozioökonomischen Status (der Patron) seinen Einfluss und seine Ressourcen dazu benutzt, um einer Person mit einem niedrigeren Status (dem Klienten) Schutz und Vergünstigungen oder beides zu gewähren; der Klient wiederum revanchiert sich dadurch, dass er dem Patron grundsätzliche Gefolgschaft leistet und ihm seine Hilfe anbietet, einschließlich persönlicher Dienstleistungen.[147]

Beziehungen dieser Art können unterschiedliche und komplexe Formen annehmen, spielen aber in vielen Teilen der Welt eine große Rolle: vom Nahen Osten bis zum Mittelmeer, von Lateinamerika bis Südostasien, von Japan bis Indien.

In Italien lässt sich der Klientelismus bis ins antike Rom zurückverfolgen. Zwischen Patron und Klient wurde ein formeller Vertrag geschlossen, bei dem der Klient dem Patron die Treue schwor und dafür rechtliche Garantien erhielt, die den Patron zu einem bestimmten Verhalten verpflichteten.[148] Mit wachsender Komplexität der italienischen Gesellschaft erweiterte sich die einfache dyadische Beziehung zwischen Patron und Klient zu einem weit ausgreifenden und zunehmend flexibleren System von Klientelnetzwerken mit einer Vielzahl konkurrierender Klienten und Patrone. Gleichzeitig erweiterte sich der Ermessensspielraum des Patrons (in der Regel einer der örtlichen Honoratioren) und der Status des Klienten, in der Regel ein Bauer oder Tagelöhner, schrumpfte dementsprechend.

Eine der wichtigsten Herausforderungen nach der Einigung Italiens 1861 war die klare Trennung zwischen dem Staat und der Gesellschaft, die dieser Staat zu regieren hatte. Es war ein langer und schwieriger Kampf, den die europäischen Staaten in unterschiedlicher Weise führten. Die Schaffung einer modernen Staatsverwaltung (*civil service*) in Großbritannien und damit einhergehend die Zerschlagung der »alten Korruption« des 18. Jahrhunderts erforderte einen schweren, letztlich aber siegreichen Kampf, der von 1780 bis 1895 dauerte. Bereits 1855 diskutierte das Unterhaus eine Vorlage, in der es hieß:

> Dieses Haus verfolgt den Zustand der Nation mit tiefer und wachsender Sorge und ist der Ansicht, dass großes Unheil entstanden ist, indem man bei der Anstellung im Staatsdienst das Prinzip der Leistung und Effizienz dem Einfluss von Parteien und Familien geopfert hat und blind dem Gewohnheitsprinzip gefolgt ist und dass dadurch der Nationalcharakter stark in Misskredit geraten ist.[149]

Dass der neue italienische Staat einen solchen Kampf nicht geführt hat, war eines der größten Versäumnisse des Risorgimento. Im Innern des formalen Regelwerks des liberalen Italien bestanden die alten Patron-Klienten-Beziehungen und die starken Verwandtschaftsbeziehungen weiter. Informelle Beziehungen kennen freilich alle Bürokratien und politischen Systeme, und häufig sind sie das Öl im Getriebe der Staatsmaschinerie. Im Fall Italiens jedoch beherrschen sie das gesamte System. Der Staat war für die Schaffung einer öffentlichen Moral und für ethische Verhaltensweisen keineswegs vorbildlich, sondern wurde selbst von den gesellschaftlichen Beziehungen und der politischen Kultur der Vergangenheit geformt. Die zweifelhaften politischen

Praktiken eines großen Staatsmannes wie Giolitti bezeugen dies.

Langfristig bekam Italien die Folgen dieses Versäumnisses empfindlich zu spüren. Wie die Anthropologin Amalia Signorelli schreibt, erzieht die Kultur des Klientelismus bis heute »die Massen zur Illegalität«.[150] Diese Illegalität äußerte sich nach der Einigung Italiens im Kleinen wie im Großen. »Empfehlungen«, »Beziehungen« und die Bitte um bevorzugte Behandlung eines Antrags sind Beispiele für die Ausprägung im Kleinen, für die alltägliche Form des Klientelismus. Die illegale Zuteilung von Aufträgen und betrügerische Ausschreibungen, systemische Korruption und die Komplizenschaft mit kriminellen Organisationen zählen zu den schwerwiegenderen Formen. Oft gingen beide Varianten eine unauflösliche Verbindung ein. Nicht ohne Grund sah Leopoldo Franchetti in seiner berühmten, erstmals 1876 veröffentlichten Studie zum Zustand Siziliens nach der Einigung Italiens den Ursprung der Mafia in einer pervertierten Beziehung zwischen Patron und Klienten. Eine Situation, die seiner Ansicht nach noch dadurch kompliziert wurde, dass diese Beziehung häufig durch eine »grenzenlose, von keinerlei Skrupeln oder Gewissensbissen getrübte Ergebenheit gegenüber Höherstehenden« gekennzeichnet sei.[151] Unter diesen Umständen hatte der Staat kaum eine Möglichkeit, sich gedeihlich zu entwickeln: »Die staatliche Verwaltung steht auf verlorenem Posten in einer Gesellschaft, deren Ordnung auf der Annahme beruht, es gebe kein staatliches Handeln.«[152] Freilich trafen die von Franchetti in Sizilien beobachteten Verhältnisse nicht auf das gesamte Land zu, und als Bewohner der Toskana war er erschüttert über das, was ihm in Sizilien begegnete. Aber das Substrat dieses Klientelismus war, im Kleinen wie im Großen, überall vorhanden.[153]

Es besteht ein enger Zusammenhang zwischen Klientelismus und den langfristigen sozialen Praktiken der Kirche, die stets eine Kultur der Unterwerfung und Fügsamkeit gegenüber den sozialen Hierarchien propagierte und auf geistlicher und weltlicher, individueller und kollektiver Ebene ein komplexes System der Vermittlung aufgebaut hat. Die ganze Tradition der Fürsprache der Muttergottes und der Heiligen gründet auf diesen Vorgaben. Nicht umsonst benutzt man bis heute – aus Resignation oder Verbitterung – das Sprichwort »Ich habe keine Heiligen im Paradies«, wenn man sich vergeblich um eine Arbeit, eine Genehmigung oder sonst irgendetwas bemüht.

Während der Zeit des Faschismus wurde dieses Fundament der sozialen Beziehungen nicht ernsthaft in Frage gestellt. Die Lateranverträge von 1929 verstärkten im Gegenteil die Symbiose zwischen den vermittelnden Strukturen der Kirche und denen des faschistischen Staates.

Bedauerlicherweise formierte sich in der Zeit des antifaschistischen Widerstands und in den Nachkriegsjahren weder eine Fundamentalkritik des Klientelismus, noch kam es zu einer Reform der staatlichen Verwaltung. Mit der Folge, dass der italienische Staat, der nach dem Zweiten Weltkrieg über größere Ressourcen verfügte als jemals zuvor, ein neues, von veränderten politischen Massenparteien getragenes Modell des Klientelismus entwickelte. Der Patron im staatlichen Dienst, sei es ein Politiker oder ein Beamter, agiert wie eine Art Verteilerstation, die öffentliche Mittel (Arbeitsplätze, Renten, Genehmigungen, Aufträge etc.) an Klienten, Freunde und Verwandte im Tausch gegen persönliche Loyalität und die Wählerstimme weitergeben kann. Entwickelt wurden nicht die sozialen Werte der Zivilgesellschaft, des Bürgersinns und der Transparenz, sondern der Unterordnung, des Sich-erkenntlich-Zeigens und bestenfalls des Austauschs von Gefälligkeiten.

Auch in den Familien bildeten sich nie ausgewogene Beziehungen ihrer Mitglieder untereinander, zur Zivilgesellschaft und zum Staat. In einem Interview aus dem Jahr 1990 sagte Norberto Bobbio, in Italien würden »für die Familie alle Mühen, Kräfte und Mut aufgeboten, aber für die Gesellschaft und den Staat bleibt kaum mehr etwas übrig«.[154] Bobbio kam in seinen Schriften nicht mehr auf dieses Urteil zurück, doch das Bild, das er hier zeichnet, taucht in unterschiedlichen historischen Zusammenhängen immer wieder auf: dasjenige einer alles beherrschenden, allumfassenden Sphäre der Familie, die andere soziale Beziehungen in den Hintergrund drängt. Nicht umsonst führt die italienische Soziologie als einzige in Europa eine ernsthafte Debatte über den »Familismus«, ein von dem Amerikaner Edward C. Banfield 1958 geprägter Begriff. Klientelismus und Familismus sind eng miteinander verknüpft, doch wie genau sie historisch zusammenhängen, wurde bisher noch nicht im Einzelnen untersucht. Es sind vielmehr Elemente, die sich als negative Merkmale immer wieder in moderne Sozialbeziehungen einschleichen.[155]

In den siebziger Jahren und Anfang der achtziger Jahre erlebten Untersuchungen zum Klientelismus besonders im Süden kurzzeitig eine beispiellose Blüte; das Problem fand sogar Eingang in die politische Debatte.[156] Enrico Berlinguer war einer der wenigen Politiker, der sich damit beschäftigte, er konnte die Auseinandersetzung darüber aber nicht weiter vertiefen. In den achtziger und neunziger Jahren veränderte der Klientelismus ein weiteres Mal seine Form. Im verschärften Klima des wirtschaftlichen Neoliberalismus mit seinem stärker flexibilisierten (und das heißt prekären) Arbeitsmarkt und der noch größeren Unsicherheit der jüngeren Generationen ist der Klientelismus als System von Gefälligkeiten, Beziehungen und Hierarchien erneut aufgeblüht. Groß ist die Gefahr, dass die Jüngeren in einer Beziehung der »informellen« Abhängigkeit an die Alten gekettet bleiben; betroffen sind insbesondere junge Frauen.

Dieses neue ökonomische Klima, in dem der Klientelismus wieder erstarkte, war zweifellos eines der Hauptmotive dafür, dass die Initiative *Mani pulite* (›Saubere Hände‹) gegen Korruption und organisierte Kriminalität der Jahre 1992 bis 1994 scheiterte. Della Porta und Vannucci, die die Mechanismen der Korruption in Italien gründlich untersuchten, verwiesen auf die Folgen für das ganze Land:

> Wenn sich die weit verbreitete Erwartung hält, die allgemeine Überzeugung, dass man »Beziehungen«, einen »Freund« oder einen »Mittelsmann« braucht, also Schmiergeld bezahlen muss, um einen Auftrag, eine Genehmigung oder eine Zulassung zu erhalten, um eine Kontrolle zu umgehen oder um die mühseligen Kontakte mit der staatlichen Verwaltung relativ ungestört zu pflegen, dann wird genau diese Verhaltensregel zum Orientierungsmodell und bestimmt die Entscheidungen aller Akteure.[157]

Das System der sozialen und politischen Klientelbeziehungen, die sich unablässig wandeln und erneuern, verfestigt sich damit zu einer langfristigen sozialen und kulturellen Struktur, die die Beziehungen zwischen den Bürgern und dem demokratischen Staat durchdringt.

Die Wiederkehr der Diktaturen

Es ist längst zu einem Gemeinplatz der internationalen Presse geworden, Italien eine Sonderrolle in der modernen Welt zuzuschreiben: die Rolle nämlich, immer wieder neue Modelle der Diktatur zu erfinden. In den zwanziger Jahren des 20. Jahrhunderts war der italienische Faschismus das erste Beispiel einer modernen, auf die Massen gestützten Tyrannei, das vielfach nachgeahmt und in den nachfolgenden zwei Jahrzehnten weiterentwickelt wurde. Heute wächst die – späte – Erkenntnis, dass die Jahre unter Silvio Berlusconi nicht nur ein flüchtiges Spektakel waren, sondern einen neuen Typus von Regierung geschaffen haben – ein Regime, das zwar formal demokratisch ist, in Wirklichkeit aber stark von oben kontrolliert wird.[158]

Es ist von Mussolinis Regime sehr weit entfernt, was die Ausübung physischer Gewalt betrifft – wenig Schlagstockhiebe und kein Rizinusöl –, ähnelt ihm aber sehr in der Manipulation der öffentlichen Meinung. Bis in die jüngste Zeit wurde jeder Vergleich der Regimes Mussolinis und Berlusconis in Italien, nicht jedoch im Ausland, von Wissenschaftlern und Journalisten des Establishments mit lautstarkem Protest quittiert, ja sogar lächerlich gemacht. Der Vergleich sei unangemessen und irreführend. Nein, unangemessen waren das Schweigen und die augenzwinkernde Zustimmung.

Bevor ich auf diesen Vergleich näher eingehe, möchte ich noch einmal auf das Risorgimento zurückkommen. Im Dezember 1869, fast am Ende seines langen und erfahrungsreichen Lebens, schrieb Giuseppe Garibaldi seinem jungen französischen Freund Marcel Lallemand einen Brief, in dem er, für Garibaldi eine Seltenheit, einige grundlegende politische Urteile fällte. Er erklärte sich zum Befürworter der Diktatur und betonte deren Nutzen, ja deren Notwendigkeit in gewissen kritischen Momenten der Geschichte. Allerdings verwendete Garibaldi den Begriff im Sinne des antiken Roms, nicht als Synonym für Tyrannei:

> Ich habe oft darüber nachgedacht, warum die republikanischen Regime, besonders in Frankreich, so kurzlebig waren. Und nachdem ich den besten Teil meines Lebens in Gesellschaft von Republikanern der Neuen Welt verbracht habe [...], komme ich immer wieder zu derselben Überzeugung: dass nämlich die Republiken

immer einen Fehler machen, wenn sie in einer kritischen Situation die Macht nicht konzentrieren, und dass das römische Konzept der Diktatur eine glückliche Idee war. Das antike Rom, das die Welt plünderte, verdankt seine Größe der Diktatur [...]. Die Diktatur teilte das Schicksal des Machiavellismus; sie wurde zum Synonym für List und Schläue, Jesuitismus und Verrat. Und da es einst einen Cäsar gab, wurde die Diktatur zum Synonym für die Tyrannei, ohne dass man der Tatsache Rechnung trug, dass es hundert redliche Diktatoren gab, die der Freiheit und dem Vaterland treu dienten.[159]

Wie also sah das römische Konzept der Diktatur aus? Ab etwa 500 v. Chr. (und in den nachfolgenden dreihundert Jahren) konnte in einer politischen Notsituation – bei einem Aufstand, in einem Krieg oder Ähnlichem – einer der Konsuln für einen begrenzten Zeitraum einen außerordentlichen Beamten ernennen. Wie Norberto Bobbio schrieb, »war diese zeitliche Begrenzung der Grund dafür, dass die großen politischen Autoren über die Institution der Diktatur in der Regel ein positives Urteil fällten«.[160] Die zeitliche Begrenztheit der Diktatur war zweifellos auch Garibaldis Vorbedingung. In seinem Brief an Lallemand beklagte er, dass in der Ersten Spanischen Republik, die schon nach kurzer Zeit scheiterte, das Fehlen der diktatorischen Gewalt in den Händen General Pierrads fatal war, weil dadurch die Kräfte zersplittert und die Republikaner sinnlos niedergemetzelt wurden. Garibaldi fährt unmissverständlich fort:

Die europäische Gesellschaft ist viel zu korrupt und viel zu egoistisch, als dass sie in der Lage wäre, nach der Befreiung von einem Despoten sofort ein republikanisches Regime zu etablieren. Dringend notwendig wäre eine redliche, zeitlich begrenzte Diktatur, um zunächst die Feinde der Republik zu schlagen und dann die Auswüchse der Gesellschaft zu korrigieren.[161]

Für uns heute klingt der Gedanke, die »Auswüchse der Gesellschaft« durch eine Diktatur zu korrigieren, vor allem deshalb so bedrohlich, weil die Dauer einer solchen Diktatur nicht genau definiert ist. Es war nie leicht, Diktatoren, sei es einen Einzelnen oder ein Kollektiv (wie etwa das Komitee für öffentliche Sicherheit der Jakobiner), davon zu überzeugen, die einmal errungene Macht wieder abzugeben. Garibaldi bildete eine Ausnahme, er legte seine diktatorische Macht in die Hände Vittorio Emanueles II. und zog sich nach Caprera zurück.

Der Vergleich zwischen dem Diktator Garibaldi und den beiden anderen trägt nur bis zu einem bestimmten Punkt. Der »Held der zwei Welten« verabscheute jede Form der Hierarchie, wies Geschenke zurück und betrachtete den Krieg als ein notwendiges Übel, dem der Frieden vorzuziehen sei. Er konnte für sich selbst sorgen, liebte die Abgeschiedenheit von Caprera, reiste im Zug dritter Klasse, lehnte die Übernachtung im Schloss von Caserta ab und unterzeichnete keine Konkordate mit dem Papst. Er schenkte seine Generalsuniform den Bauern von Caprera, kleidete sich schlicht und war gegen die Privilegien der Vermögenden. Zweifellos pflegte er dabei auch sein Image, worin ihn die spontane Bewunderung der übrigen Welt bestärkte.

Zwischen Mussolini und Berlusconi gibt es mehr Gemeinsamkeiten. Keiner von beiden hatte je die Absicht, nach einer bestimmten Zeit die Macht wieder abzugeben. Beide sind tief in das Klientelsystem verstrickt, und ihre Parteien (Partito Nazionale Fascista beziehungsweise Forza Italia) stützen ihre Macht auf diese Basis. Insbesondere Berlusconi drückt mit seiner Körpersprache seinen Charakter als mediterraner Patron aus, der Schutz und Beförderung im

Tausch gegen Loyalität und Gehorsam bietet: Fast immer legt er seinem Sitznachbarn mit paternalistischer Geste den Arm um die Schulter. Wie einst Mussolini beherrscht auch Berlusconi meisterhaft die Medien, er erfindet Geschichten über sein Leben, die, unaufhörlich wiederholt, inzwischen einen eigenen Sprachgebrauch geschaffen und den Charakter einer nationalen Moralgeschichte angenommen haben. Fanatische Staatsanwälte, so sein Vorwurf, wollten ihn diskreditieren; die ausländischen Journalisten seien allesamt Kommunisten; der Staat greife den Bürgern in die Tasche; die Gewaltenteilung verhindere eine starke Regierung – all dies sind »negative« Versatzstücke einer sorgfältig konstruierten Narration. Auf der positiven Seite dieser Narration steht: Er sei der beste Ministerpräsident der letzten hundertfünfzig Jahre; der »gottgesalbte« Führer; der geschickte Vermittler zwischen den weltpolitischen Staatsmännern; der Unternehmer, der wisse, wie der Hase läuft, wie man das Volk glücklich und das Land reich mache.

Der grundlegende Unterschied zwischen Berlusconi und Mussolini besteht in der Freiheit. Wie wir gesehen haben, legt Berlusconi den Nachdruck auf die »negative« Freiheit, die Freiheit von Einmischung. »Besser Faschismus als die bürokratische Tyrannei der Richter und Staatsanwälte«, rief er im Januar 2004 bei einer Rede zum zehnten Jahrestag seines Eintritts in die Politik.[162] Die Freiheit des Individuums ist das Grundelement seines Credos. Gentile und Mussolini dagegen schrieben 1932 unter dem Stichwort *Fascismo* in der *Enciclopedia Italiana*: »Die faschistische Weltanschauung ist antiindividualistisch und für den Staat; und sie ist für das Individuum, insoweit es sich mit dem Staat deckt.«[163] Das sind zwei sehr unterschiedliche Auffassungen über die Grundlagen der politischen Macht im modernen Staat.

Berlusconi agiert in einem Umfeld großer Freiheiten, während Mussolinis Regime auf brutaler Gewalt basierte.

Berlusconi gewährt die bürgerlichen und politischen Freiheiten, die das faschistische Regime verweigerte. Es ist eine
reale, gleichzeitig aber auch illusorische Freiheit – in dop-
pelter Hinsicht, wobei die erste offenkundiger ist als die
zweite.

Da ist zum einen die Freiheit der Wahlen, die allem An-
schein nach gewährleistet ist. Doch in Wirklichkeit gibt es
keine wirksamen Regeln, um die Durchführung von Wahlen unter gleichen Voraussetzungen zu gewährleisten. Auf
der weltpolitischen Bühne ist Berlusconi die perfekte Verkörperung jenes kleinen Kreises neuer politischer Akteure
aus dem tertiären Sektor (besonders dem Medienbereich),
die ihre erheblichen wirtschaftlichen und medialen Ressourcen nutzen, um den demokratischen Prozess zu verzer-
ren und zu steuern. Ihre Leitmotive sind das Gewinnstreben,
familiäre Interessen und eine bestimmte Gruppenloyalität.
Unerschütterlich von der eigenen Bedeutsamkeit überzeugt,
sind sie die zeitgenössischen Repräsentanten des Patrimo-
nialismus.

Berlusconi mischt sich auf vielfältige Art und Weise in
den demokratischen Prozess ein, unter anderem, indem er
massiv Gelder in den Wahlkampf investiert und die Nach-
richten in Fernsehen und Rundfunk (nicht nur seine eigenen Kanäle, sondern auch die staatliche RAI) zunehmend
kontrolliert. Ein Ministerpräsident, der wutentbrannt bei der
staatlichen Kommunikationsbehörde Agcom anruft und die
sofortige Absetzung einer linken Talkshow im staatlichen
Fernsehen verlangt, müsste in jedem anderen demokratischen Land binnen 24 Stunden zurücktreten.

Die zweite Ebene ist sehr viel subtiler. Berlusconi genießt
nicht nur deshalb beträchtlichen Zuspruch (wenngleich
nicht die Zustimmung der Mehrheit der Italiener), weil er
die demokratischen Spielregeln manipuliert, sondern auch,
weil er eine offenbar überzeugende Antwort auf die Frage

nach der Stellung Italiens in der heutigen Welt liefert. Eine Antwort, die sich auf die Praxis und Kultur des Neoliberalismus mit seinem Streben nach Reichtum und der Überhöhung der Werte des Individuums und der Familie beruft, ohne jedes soziale Verantwortungsgefühl. Die vielen Hausfrauen, die ihm ihre Stimme geben, sind treue Zuschauerinnen der Programme seiner Fernsehkanäle. Sie identifizieren sich mit den dort vorgeführten fiktionalen Familien. Alle sind adrett und gut gekleidet, den traditionellen katholischen Werten verpflichtet, sportlich, gut gelaunt, computerisiert, proamerikanisch (mehr für Bush als für Obama), weltläufig, geschäftsorientiert, ganz aufs Private gerichtet. Für seine Wähler ist der Cavaliere der natürliche Repräsentant dieser Werte. Diese Weltsicht, die nach dem Finanzcrash 2007 in eine schwere Krise geraten ist, ist traditionell und bietet keine Antworten auf die aktuellen Probleme, die Italien zu bewältigen hat.

Die Ideenarmut der Linken

Angesichts eines so außergewöhnlichen und zähen Gegners mit einer dezidierten, wenngleich beschränkten neoliberalen Sicht der heutigen Welt müsste man eigentlich von der Opposition eine klare Linie erwarten: die durchdachte Formulierung eines eigenen politischen Programms. Die aber fand nicht statt.

Gehen wir von den Oppositionsparteien aus, die in den Jahren der Regierung Berlusconi in unterschiedlichen Formationen und Bezeichnungen in Erscheinung traten – was 2008 unter beträchtlichen Reibungsverlusten in die Gründung des Partito Democratico mündete. Um diesen zentralen Kern der Opposition bildeten sich verschiedene Wahlbündnisse, mit wechselhaftem Erfolg. Erst 1996 erhielt das Mitte-

Links-Bündnis in beiden Parlamentskammern eine tragfähige Mehrheit. Die »gemäßigte Opposition« schwankte von Anfang an zwischen der Tendenz, so zu tun, als sei nichts geschehen, und der unleugbaren Offensichtlichkeit des Gegenteils. Diese weit verbreitete Einstellung führte dazu, dass der Partito Democratico das Phänomen Berlusconi immer wieder verharmloste. Traurige Berühmtheit erlangte Massimo D'Alema, als er nach Berlusconis Wahlniederlage 1996 erklärte, er habe ihn »in der Hand«, und eine Reform der demokratischen Politik vorschlug, die in der sogenannten bilateralen Kommission zusammen mit Berlusconis Mitte-Rechts-Koalition durchgeführt werden sollte – mit katastrophalen Folgen. 2007, nach der Niederlage des Mitte-Rechts-Bündnisses bei den Regionalwahlen, herrschte unter den fortschrittlichen Politikern und Journalisten ein ähnlich voreiliger und unbegründeter Optimismus. Bei den Parlamentswahlen im Jahr darauf verschwand Berlusconi keineswegs von der Bildfläche, sondern führte – auch mithilfe der Medien – einen aggressiven Wahlkampf, der ihm den Sieg brachte.

Das Verhalten der Mitte-Links-Parteien erinnert an die demokratischen Kräfte, denen es in den ersten Jahrzehnten des 20. Jahrhunderts nicht gelang, die Zerstörung der Demokratie in vielen Teilen Europas zu verhindern. Der spanische Politologe Juan Linz definierte diese demokratischen Kräfte in einer schonungslosen Analyse als »semiloyal« gegenüber der Demokratie. Eine solche Charakterisierung hätten viele dieser Parteien empört zurückgewiesen, obwohl ihre Taten bezeugten, was sie verbal bestritten. Wieder und wieder verkannten sie die drohende Gefahr, waren zu geheimen Verhandlungen bereit, »ermutigten, tolerierten, deckten, ließen zu, entschuldigten oder rechtfertigten« eine Politik, die ganz andere Reaktionen erfordert hätte.[164] Die Situation im heutigen Italien ist, wie ich betont habe, nicht dieselbe wie vor achtzig Jahren, doch die Verhaltensmuster – Unsicherheit, Opportunismus und Kompromissbereitschaft – sind ganz ähnlich.

Ein nicht minder schwerer Fehler war es, davon auszugehen, dass die Grundstrukturen und Praktiken der Politik (die politische Kontrolle des Fernsehens und anderer öffentlicher Einrichtungen, Ämtergeschachere, fehlende Transparenz und Kontrollen, ungenierter Klientelismus) beibehalten werden könnten, wenn nur an den Schaltstellen der Macht nicht Mitte-Rechts-, sondern Mitte-Links-Parteien säßen: Ein fataler Irrtum – und eine bei der linken Mitte Italiens tief verwurzelte Denkgewohnheit. Nachdem die alten Loyalitäten aus der Zeit des Kalten Krieges zerbrochen waren, erkannten die Wähler immer deutlicher, dass sich die beiden politischen Lager grundsätzlich derselben Methoden bedienten. Die Enttäuschung war, wie in der Vorrede beschrieben, extrem groß.

Das politische Angebot der anderen Oppositionsgruppen war nicht in der Lage, die Fehler und Irrtümer der Hauptgruppe auszugleichen. Antonio Di Pietros Partei Italia dei Valori (Italien der Werte) vertritt gegenüber Berlusconi eine unnachgiebige und auf dem Prinzip von Kompetenz und Leistung beruhende Position, die in jüngster Zeit mit einem großen Wahlerfolg honoriert worden ist. Doch an der Parteispitze steht ein charismatischer Führer, die parteiinterne Demokratie gibt es nur sehr eingeschränkt. Außerdem präsentiert sich Italia dei Valori zu sehr als eine Partei der bloßen Anklage und nicht der zukunftsweisenden Vorschläge. Bei den radikalen Linken wiederum lassen die Streitigkeiten zwischen den verschiedenen Strömungen und Personen keinen Raum mehr für konstruktives Nachdenken. Beleg dafür ist das schlechte Abschneiden bei den Wahlen 2008, die keinen einzigen Abgeordneten der radikalen Linken ins Parlament brachten. Ein alter und offenbar unheilbarer Fehler.

In diesem Kapitel habe ich mich in erster Linie auf einige strukturelle und langfristig wirksame Aspekte konzentriert, die eine Erneuerung Italiens verhindern, und in zweiter Linie auf die kurzfristige Verantwortung von Einzelnen und Gruppen. Jetzt, am Schluss, möchte ich einen Vergleich ziehen, der die Defizite der demokratischen Kräfte in zwei entscheidenden Momenten der italienischen Geschichte beleuchtet: den Vergleich zwischen dem Risorgimento und der aktuellen Situation. Antonio Gramsci bezeichnete das Risorgimento als eine »passive Revolution«, der es nicht gelungen sei, die Unterstützung breiter Massen der Land- und Stadtbevölkerung zu gewinnen. Schonungslos analysierte er die Erfolglosigkeit der Aktionspartei, die »von den Moderati, den Gemäßigten, der Partei der Intellektuellen vereinnahmt wird und die Massen enthauptet« und diese nicht in den Bereich des neuen Staates absorbiert.[165] 1861, in einer berühmten Debatte im damals neuen italienischen Parlament, übte Garibaldi scharfe Kritik an den Ergebnissen des Risorgimento. International jedoch wurden die heroischen Leistungen des Risorgimento und Garibaldis herausragende Rolle gewürdigt. Heute ist die Weltöffentlichkeit bestürzt angesichts der Unfähigkeit der demokratischen Kräfte Italiens, sich und ihr Land von einem ebenso seltsamen wie perfiden Regime zu befreien. Die Italiener haben sich daran gewöhnt, von Europa gerettet zu werden. Aber im Falle Berlusconis kann Europa kaum hilfreich sein. Wie das Beispiel Haider in Österreich gezeigt hat, fehlt es der Europäischen Union an einem gemeinsamen politischen Willen und an den notwendigen Instrumenten, um sich in die inneren Angelegenheiten eines Landes einzumischen, selbst wenn dieses Land die Grundprinzipien der EU ganz klar verletzt.[166]

Es ist löblich, dass das italienische Mitte-Links-Lager eine Teilung des Landes mit allen ihren gefährlichen und womöglich gewalttätigen Folgen verhindern möchte. Aber diese offenkundig endlose Nachgiebigkeit muss irgendwann ein Ende haben. Die letzte Frage dieses Bändchens lautet daher: Wer wird (vorausgesetzt, jemand möchte es) Italien retten? Und mit welchen Mitteln?

Wer wird Italien retten?

Bei der Einigung Italiens spielten zwei bewaffnete Kräfte vor Ort eine wichtige Rolle: zum einen die regulären piemontesischen Truppen. Sie traten gegen die Österreicher in mehreren blutigen Schlachten an, die sie allerdings öfter verloren als gewannen. Dennoch leisteten sie einen unverzichtbaren »dynastischen« Beitrag zur nationalen Einigung. Diese Schlachten forderten viele Todesopfer.

Bei Novara im März 1849 verlor Cesare Balbo seinen achtzehnjährigen Sohn Ferdinando, einen Artillerieleutnant. Eine Kanonenkugel riss ihm den Kopf ab. Am 30. März 1849 schrieb Massimo d'Azeglio an Balbo:

> Du weißt, dass Du mir mehr als nur ein Bruder bist, und Du weißt, dass ich mit Dir diesen tüchtigen, diesen edlen, diesen tugendhaften Ferdinando beweine. Ich habe gestern geweint, als ich es erfuhr, und ich weine heute, jetzt, während ich Dir schreibe […]. Und Dir, mein tapferer Cesare, bringe ich meine tiefe Verehrung entgegen; wer hat für unser unglückliches Vaterland mehr gelitten und wer leidet mehr als Du? Du bist dessen wahrer Märtyrer. Ich kenne Dich und weiß, dass Du diesen grausamen Schlag standhaft erträgst, doch ich weiß auch, was in Deinem armen Herzen vorgeht.[167]

Die zweite politische Kraft – und auf sie will ich meine Analyse konzentrieren – waren die Freiwilligen. Entgegen einer weit verbreiteten Ansicht handelte es sich dabei nicht nur um ein paar hundert Hitzköpfe, die sich in Mazzinis Giovine Italia zusammenfanden oder sich 1860 in Marsala Garibaldi anschlossen, rot uniformiert, aber schlecht bewaffnet.

Es war eine überwiegend bäuerlich und analphabetisch geprägte Gesellschaft, für die die Kommunikation mittels Zeitungen und Telegraphie in den Städten gerade erst begonnen hatte. Deshalb ist es erstaunlich, wie viele Menschen mit den jakobinischen Republiken am Ende des 18. Jahrhunderts sympathisierten, wie viele von ihnen sektiererischen Gruppen angehörten, wie viele sich den Aufständischen von 1820/21 und der Giovine Italia anschlossen. Es ist erstaunlich, wie viele 1848 auf die Straße gingen, als Freiwillige aufbrachen, Spitäler für die Verwundeten oder Verbindungsstellen aufbauten oder sich 1849 an der Verteidigung Venedigs, Brescias, Roms und anderer Städte beteiligten; wie viele Anfang der fünfziger Jahre des 19. Jahrhunderts Aufstandspläne schmiedeten und sich 1859, 1860 und 1866 als Freiwillige meldeten; wie viele am Begräbnis Mazzinis, Vittorio Emanueles, Garibaldis und anderer teilnahmen. Ihre Zahl geht wohl in die Zigtausende.[168]

Die Freiwilligen des Risorgimento

Doch wer waren diese Menschen?[169] Für die Kerngruppe lassen sich drei grundlegende Merkmale benennen: Sie waren jung, männlichen Geschlechts und Angehörige der Mittelschicht. Jedes dieser Merkmale muss jedoch genauer betrachtet werden. Sie waren zwar jung, aber es war nicht die Revolte einer bestimmten Generation, im Gegenteil. Besonders 1848/49 kämpften viele junge Freiwillige an der Seite der Veteranen der napoleonischen Kriege, sahen sich in ihrem Vertrauen in sie jedoch oft enttäuscht. Es gab auch starke Traditionen innerhalb der Familien, vielfach über Generationen hinweg: ein Großvater, der sich auf die Seite der jakobinischen Republiken gestellt hatte; ein Vater, der ins Gefängnis geworfen und von seinem mutigen Sohn vor der

Deportation gerettet wurde, wie Settembrini; vor allem aber Mütter und Schwestern, die voll Bangen die politischen Leidenschaften ihrer Söhne und Brüder teilten und sich auf die Nachricht von deren Tod in der Schlacht gefasst machen mussten.[170]

Die Freiwilligen waren Männer, und ihnen oblag es, zu den Waffen zu greifen. Aber auch diese Charakterisierung ist viel zu allgemein und wurde bisher noch nicht genauer untersucht. Bei den Erhebungen in den Städten 1848/49 gingen auch viele Frauen auf die Barrikaden. Während der Cinque Giornate di Milano, der fünf Tage von Mailand, waren von den 409 bei den Auseinandersetzungen Getöteten 39 Frauen, die meisten aus dem einfachen Volk. Auf der anderen Seite des sozialen Spektrums standen Frauen wie Cristina di Belgioioso, die bei der Veröffentlichung von politischem Material und der Sammlung von Geldern eine Schlüsselrolle spielten. Ihre Salons wurden zu Treffpunkten der politischen Aktivisten. Von der offiziellen Geschichtsschreibung wurden diese Frauen bisher ignoriert und aus der Geschichte ausgeklammert. Der Beitrag, den sie auf verschiedenen Ebenen leisteten, wird jetzt erstmals systematisch untersucht.[171]

Die Freiwilligen gehörten der Mittelschicht an. Das trifft zweifellos zu und ist besonders überraschend in einem Land, in dem die Mittelschichten nur einen kleinen Anteil der Gesamtbevölkerung ausmachten. Es handelte sich häufig um Freiberufler (Ärzte, Rechtsanwälte etc.), Studenten aus Pisa, Padua und Pavia beziehungsweise um junge Leute, die das Priesterseminar in Mantua besuchten oder das italienisch-griechische Kollegium San Adriano im kalabrischen San Demetrio Corone, einer Hochburg der jungen Patrioten Süditaliens. Zu den Freiwilligen zählten aber auch Handwerker und selbstständig Erwerbstätige aus anderen Berufsgruppen, vor allem aus Mittel- und Norditalien, die lesen und schreiben konnten und für die Ideale des Risorgimento besonders empfänglich waren. Beim Zug der Tausend waren rund die Hälfte der Freiwilligen bürgerlicher Herkunft, die andere Hälfte waren Handwerker und Arbeiter aus Städten. Mehr als drei Viertel von ihnen stammten aus der Lombardei (434 von 1089), aus Venetien und aus Ligurien. Dabei dürfen wir nicht vergessen, dass Garibaldis süditalienisches Heer bei seiner Ankunft in Neapel 60.000 Mann zählte. Rund 100 Freiwillige, die sich Garibaldi anschlossen, waren Künstler oder Schriftsteller oder beides.[172]

Die Entscheidung, sich aktiv im Risorgimento zu engagieren und dabei das eigene Leben aufs Spiel zu setzen, hat spezifische kulturelle Wurzeln. Es ist der romantische Impetus, der *bottom wind*, um Samuel Taylor Coleridges wunderbaren Ausdruck zu gebrauchen, der »Wind aus der Tiefe«, der in den entscheidenden Jahrzehnten des 19. Jahrhunderts die nationalpatriotischen »Massen«-Bewegungen mitriss.[173] Der Zusammenhang zwischen der Romantik und dem Risorgimento ist kompliziert und kein Automatismus. Die extreme Selbstbezogenheit, wie sie für die Kultur der Romantik typisch war, wurde anfangs in die Bahnen der *amour-passion* gelenkt, der unbedingten, leidenschaftlichen Liebe, die die Energie der Romantiker aufzehrte und in ihren Briefen und Tagebüchern breiten Raum einnahm. Aber das war nicht ihre einzige Triebkraft. Die Romantik war eine introspektive, gefühlsbetonte Strömung, die von der inneren zur äußeren Erfahrung führte, aber sie nahm auch den umgekehrten Weg: Die reiche, leidenschaftliche und unruhige Innenwelt strebte unablässig danach, außerhalb ihrer selbst Ausdruck zu finden. Diesem emotionalen und kulturellen Bedürfnis kamen Garibaldis Feldzüge in einzigartiger Weise entgegen.

Die Briefe, die der 29jährige Ippolito Nievo während des Zugs der Tausend an seine Angehörigen schrieb, belegen anschaulich die Entwicklung seiner inneren Befindlichkeit, die sich erst in dramatischem Ton, später, als das Unternehmen wider Erwarten siegreich war, immer unbekümmerter und selbstironischer zum Ausdruck brachte. An seinen Bruder Carlo schrieb er am 5. Mai 1860 aus Genua[174]:

> Ich teile Dir lediglich mit, dass ich, wenn Du diese Zeilen liest, bereits Richtung Süditalien in See gestochen sein werde – Geh mit diesem Wissen der Mutter gegenüber vorsichtig um, wegen all dem, was es nach sich ziehen könnte – Ich will versuchen, Dir so bald wie möglich Nachricht zu geben, die dann auch nach Hause geschickt werden kann. Aber wann? – Das weiß Gott allein – Im Übrigen wollen wir der Vorsehung vertrauen und stets einander erinnern und lieben, so dass unser Leben, ob lang oder kurz, einigermaßen glücklich gewesen sein wird.

Und an die Mutter richtete er am selben Tag aus Mailand (in Wirklichkeit schrieb er aus Genua; an seinem Vorsatz, der Mutter die wahren Umstände seiner Reise zu verschweigen, hielt er nicht lange fest) folgende Worte:

> Ach Mutter, es ist etwas ganz anderes, die Dinge aus der Ferne zu besehen, als sie aus der Nähe zu erleben! Es ist ein großes Unglück für uns alle, dass wir die Dinge durch das Prisma der Leidenschaft betrachten! Ich weiß es, ich spüre es; aber niemand hat ein Mittel dagegen gefunden, ich auch nicht. Man muss sich in das Unvermeidliche fügen; das ist alles […] Mutter, ich liebe Dich sehr: das kann ich Dir sagen. Es gibt also durchaus schwerwiegende Gründe, die mich veranlassen, Dinge zu tun, die Dir vielleicht nicht ganz gefallen! Verzeih mir, ich bitte Dich, und liebe mich trotzdem, liebe mich noch mehr.

An seine Cousine Bice Melzi Gobio schrieb er schließlich aus Palermo am 24. Juni 1860:

Wir sind nicht auf dem Meer umgekommen, aber nachdem wir diese Gefahr hinter uns gelassen haben, können wir jetzt sicher sein, an Land zu sterben. Kugel oder Galgen sind für uns bestimmt. [Kursivierung von Nievo] [...] Und wir allein, höchstens achthundert, verstreut auf einem Gebiet von der Größe Mailands, ungeordnet, richtungslos (wie kann man das Nichts ordnen und lenken?) bei der Eroberung einer Stadt [...]. Ich trug dasselbe wie bei meinem Aufbruch aus Mailand; aus meiner zerrissenen Hose schaute hervor, was man in der Öffentlichkeit sonst nicht zu zeigen wagt, und dazu trug ich eine Flinte, die vier Zündhütchenfüllungen brauchte, um einen Schuss abzufeuern [...]. Auch der General war großartig. – Er blieb immer in Hemdsärmeln: Sein einziger Vorteil mir gegenüber bestand darin, dass seine Hose nicht zerrissen, sondern geflickt war.

Das politische Potential der heutigen Mittelschichten

Gibt es in der heutigen italienischen Gesellschaft Elemente, die an die Garibaldiner vor hundertfünfzig Jahren erinnern? Oder sind die Italiener einfach nur alle hypnotisiert und resigniert, unfähig zu koordiniertem Handeln oder zur Formulierung von Alternativen? Um diese Frage zu beantworten, werde ich den Teil der italienischen Gesellschaft betrachten, den ich am besten kenne: die Mittelschichten.

Zunächst ist zu sagen, dass die Mittelschichten 150 Jahre nach Garibaldi erheblich größer geworden sind. Auf Grundlage der Daten von Paolo Sylos Labini betrug der Anteil der städtischen Mittelschichten Italiens (mit den vier Hauptkategorien: Angestellte im Privatsektor und im öffentlichen

Dienst, Handwerker und Kaufleute) an der Gesamtbevölkerung im Jahr 1881 23,4 Prozent und im Jahr 1993 52 Prozent.[175] Schätzungen zufolge gehören heute 60 Prozent der Bevölkerung Italiens den Mittelschichten an. Ihr Anwachsen ist Ausdruck der fortschreitenden Arbeitsteilung und der zunehmenden Bedeutung des tertiären Wirtschaftssektors. Auch das Bildungsniveau der Mittelschichten ist höher als je zuvor. Im Jahr 1951 waren 89,8 Prozent der Bevölkerung Italiens Analphabeten, hatten keinen Schulabschluss oder nur die Grundschule besucht. Fünfzig Jahre später besaßen 63,4 Prozent einen mittleren oder höheren Schulabschluss oder hatten ein Universitätsstudium absolviert.[176] Trotz dieser Revolution im Bildungssektor liegt Italien zwar immer noch weit hinter Deutschland, Frankreich und Großbritannien zurück, unbestreitbar aber gibt es eine zunehmend größere und gebildetere Mittelschicht.

In der Vergangenheit waren die Mittelschichten häufig Gegenstand heftiger Kritik. Die Marxisten betrachteten sie stets als Relikt der alten gesellschaftlichen Verhältnisse – als das instabile und unzuverlässige »Kleinbürgertum«, das mit fortschreitendem Kapitalismus ohnehin verschwinden und zwischen den großen Klassen der Bourgeoisie und des Proletariats aufgerieben würde. Eine falschere Interpretation der modernen Gesellschaft kann es kaum geben: Die städtischen Mittelschichten, ein riesiges Agglomerat unterschiedlichster sozialer Kräfte, sind immer weiter gewachsen, numerisch wie auch in ihrer Komplexität.[177]

Andere, spezieller auf die italienische Gesellschaft der letzten 50 Jahre bezogene Untersuchungen stellten jene Segmente der Mittelschichten in den Fokus, die auf Kosten des Staates gelebt haben wie die Maden im Speck (um Sylos Labinis Ausdruck zu verwenden), weitgehend abhängig von den Klientelbeziehungen der politischen Klasse, insbesondere der Democrazia Cristiana. Ich dagegen möchte mich hier auf ein bisher noch kaum untersuchtes, jedoch wichtiges Segment der Mittelschichten konzentrieren, das offenkundig ein beachtliches zivilgesellschaftliches Potential besitzt.[178] Überall in Europa hat sich in den Berufszweigen, die dem Sozialwohl dienen, eine Mittelschicht entwickelt. Zu ihr gehören Lehrer, Sozialarbeiter, Verwaltungsbeamte und Angestellte im öffentlichen Dienst oder im tertiären Sektor, Studenten, Beschäftigte im Medien- und Kulturbereich, die ihre Rolle und ihre soziale Verantwortung nicht mehr im traditionellen Sinn definieren. Hinzu kommt eine stetig wachsende Zahl hochqualifizierter Frauen, die bei der Suche nach einem angemessenen Arbeitsplatz Schwierigkeiten haben, besonders im Süden. Einige Wissenschaftler, unter ihnen auch ich, definieren dieses soziale Segment als »nachdenkliche Mittelschicht«, nicht etwa weil ihre Angehörigen die Pose von Rodins *Denker* einnehmen, sondern weil sie die Entwicklung der Moderne sowie ihre eigenen Wurzeln und Aktivitäten kritisch betrachten. Statt sich der Schnelllebigkeit und dem materiellen Konsum der heutigen Welt zu überlassen, besitzt diese Mittelschicht ein ausgeprägtes Bewusstsein für die globalen Gefahren, für die nachteiligen Auswirkungen des rücksichtslosen Konsumismus auf unser Alltagsleben sowie für den Zusammenhang zwischen privaten Entscheidungen und deren gesamtgesellschaftlichen Konsequenzen.

Freilich lässt sich gegen solche soziologischen Verallgemeinerungen bezüglich der sozialen Klassen und Schichten einiges einwenden. Die Gefahr ist groß, dass man einer bestimmten sozialen Gruppe alle möglichen Einstellungen und Rollen zuschreibt, sei es im privaten oder im öffentlichen Bereich. Dabei ist nicht garantiert, dass ein Lehrer oder ein Medienmitarbeiter ein »nachdenkliches Subjekt« ist. (Wie könnte es angesichts der vielfältigen Unterschiede in der individuellen Bildung und der Familientradition eine solche Garantie auch geben?) Die öffentliche Tugend, wie auch immer man sie definiert, wird nicht durch den Beruf bestimmt, den einer ausübt. Der Beruf ist bestenfalls ein konstituierender, kein determinierender Faktor.

Dennoch ist es durchaus überraschend, dass die Opposition gegen das Berlusconi-Regime größtenteils aus diesen Segmenten der Mittelschichten stammt. Angefangen mit den großen Protestkundgebungen im Frühjahr und Herbst 2002 bis zu den vom *Popolo Viola* (›Lila Volk‹) über das Internet organisierten Kundgebungen im Dezember 2009 wurden viele Angehörige dieser sozialen Schichten gegen das Regime mobilisiert. Im Laufe der letzten zehn Jahre wurden Unterschiede in der sozialen Zusammensetzung dieser Opposition deutlich. Der Kern der ersten dieser Protestwellen, die sogenannten *Girotondini*, die im kulturellen Klima um 1968 groß wurden und bevorzugt im öffentlichen Dienst tätig sind, hatten zumeist einen festen Arbeitsplatz und waren im Durchschnitt über vierzig Jahre alt. Die jungen Leute, die jetzt protestieren, gehören dagegen einer Generation an, die erstmals in der Geschichte der Republik Italien einen massiven sozialen Abstieg hinnehmen muss. Die Angehörigen dieser Generation verfügen zwar über ein großes kulturelles Kapital, aber gleichzeitig über ein geringes oder gar kein wirtschaftliches Kapital. Ihre Stimme, die des Prekariats, ist gewiss ein Aufschrei, aber auch der Appell, die Gesetze und die Verfassung zu respektieren.

Die massive politische Mobilisierung des vergangenen Jahrzehnts beschränkte sich jedoch nicht auf öffentliche Protestkundgebungen. Eine landesweite Koordination zivilgesellschaftlicher Kräfte, von den mehr oder weniger engagierten Oppositionsparteien bis hin zu ganz normalen Bürgern, konnte im Juni 2006 mit einem Referendum das Inkrafttreten der von Berlusconi beabsichtigten Verfassungsänderungen verhindern. Solche Formen des Widerstands, aber auch institutionelle Hürden wie die begrenzte, aber bedeutsame Macht des Staatspräsidenten sowie die Beharrlichkeit der Richter und Staatsanwälte haben (jedenfalls bis heute) die ungebremste Umsetzung der autoritären Ambitionen Berlusconis verhindert. Antonio Gibelli hat die historische Tragweite dieser Formen des Widerstands folgendermaßen auf den Punkt gebracht:

> Wenn wir am Vergleich zwischen dem Berlusconismus und dem historischen Faschismus festhalten wollen, könnte man sagen, dass Berlusconi mit seinem Projekt einer grundlegenden und irreversiblen Umgestaltung der verfassungsmäßigen Ordnung, wie es Mussolini Mitte der zwanziger Jahre tat, und mit seinem Versuch, bei der Jagd nach Wählerstimmen alle Dämme zu brechen und die Gesellschaft auf einen platten Konformismus und die Opposition zu einer verschwindend kleinen Minderheit zu reduzieren, bis jetzt gescheitert ist.[179]

Das ist ausländischen Kommentatoren entgegenzuhalten, wenn sie behaupten, es gebe keine Opposition gegen Berlusconi. Aber wir müssen noch weitergehen. Wenn wir jenes Segment der italienischen Gesellschaft – insbesondere die nachdenklichen Mittelschichten – genauer betrachten, die gegen Berlusconi mobil gemacht haben, zeichnet sich ein sehr viel komplexeres und weniger beruhigendes Bild ab. Die Bewegung dieser Jahre wurde häufig mit einem unterirdischen Karstfluss verglichen, der gelegentlich mit großer Kraft an die Oberfläche tritt. Das ist eine allzu einfache Metapher, die einen gewissen Trost verbreiten will. Näher an der Realität ist das Bild einer instabilen, unbeständigen sozialen Kraft, bei der kurze Phasen des politischen Engagements mit langen Phasen der Distanz und des Schweigens abwechseln. So lässt sich das Verhalten vieler gutsituierter Angehöriger der Mittelschichten mit sicherem Arbeitsplatz beschreiben. Sie haben immer mehrere Optionen; und angesichts der ständigen Protestkundgebungen und des geringen Rückhalts in der linken politischen Klasse – »der Antiberlusconismus ist kontraproduktiv« lautet einer ihrer erstaunlichsten Sätze – wählen sie den Rückzug ins Private und beklagen sich unablässig, ohne auch nur einen Finger zu rühren. Diese Einstellung ist leider typisch für die große Mehrheit der italienischen Intellektuellen heute.

Bei dem anderen Segment dieser Schicht, die in unsicheren Beschäftigungsverhältnissen lebt, der 2009 gegründeten Bürgerbewegung *Popolo Viola*, verhält es sich noch sehr viel komplizierter. Möglich, dass diese Leute in Zukunft durch die verheerende Entwicklung des Arbeitsmarkts in sehr viel größerem Maß gezwungen sein werden, kollektiv zu handeln. Sie werden zweifellos schwierige Entscheidungen treffen müssen. Vor fast 30 Jahren nahm Amalia Signorelli in ihrer klassischen anthropologischen Studie über die Provinz Salerno, *Chi può e chi aspetta* (›Wer kann und wer wartet‹), viele der heutigen Probleme vorweg.[180] Bei ihrer Untersuchung der Einstellungen und Erwartungen von Jugendlichen – oft mit höherer Schulbildung – aus einer Randzone Italiens beobachtet die Autorin einen beständigen inneren Konflikt, ja eine kulturelle Schizophrenie, eine Art Tauziehen zwischen »Partikularismus und Universalismus, dem Bedachtsein auf den eigenen Vorteil und dem Gerechtigkeitssinn, zwischen Klientelismus und Legalismus«.[181] Diese inneren Konflikte und Unsicherheiten sind bis heute stark zu spüren.

Aus kultureller Perspektive muss man sich fragen, inwieweit es heute eine andere Sicht der modernen Welt gibt, die von vielen – älteren wie jüngeren – Angehörigen der Mittelschichten geteilt wird. Mit anderen Worten: Gibt es einen Wind aus der Tiefe, der die Individuen umspielt und vorwärtsträgt wie die Romantik in der ersten Hälfte des

19. Jahrhunderts? Die Kritik am globalen Kapitalismus, die sich erstmals in den Protesten anlässlich der Gipfelkonferenz der Welthandelsorganisation WTO in Seattle 1999 artikulierte, war zweifellos ein mächtiger Katalysator für Aktionen gegen den Klimawandel, gegen die Armut in der Welt, die Übermacht globaler Konzerne etc. Sie hat sich auch im alltäglichen Leben in zahllosen Aktivitäten und Zusammenschlüssen niedergeschlagen. Doch von jener großen, leidenschaftlichen und unruhigen Kraft der Romantik, die damals eine beträchtliche Anzahl junger Leute aus den Mittelschichten dazu drängte, sich zu engagieren, sind wir heute noch weit entfernt.

Betrachten wir zum Schluss die möglichen Auswirkungen der Finanzkrise von 2007 auf die italienischen Mittelschichten. Nach Ansicht maßgeblicher italienischer Ökonomen wird diese Krise länger dauern als die globalen wirtschaftlichen Krisen und Depressionen zuvor. Schon vor der Krise war viel von einer Verschlechterung der Lebensbedingungen der Mittelschichten und von ihrer »Angst vor dem Absturz« die Rede.

Wie tief werden die Mittelschichten Südeuropas abstürzen, wenn neue drastische Sparmaßnahmen ergriffen werden, und welche Folgen wird dieser soziale Abstieg haben? Jedenfalls gibt es die berechtigte Sorge, dass mit der anhaltenden Krise Rassismus und Populismus zunehmen und von den traditionellen Arbeitervierteln auf weitere Bereiche der Gesellschaft übergreifen werden. Dabei wird auch viel von den Angeboten der Politik abhängen – in Italien wie in Spanien, in Griechenland wie in Portugal.

Bündnisse und politische Führungsrollen

Ich habe mich auf ein einzelnes Segment der italienischen Gesellschaft konzentriert, aber es liegt auf der Hand, dass Italien nur durch ein breites Bündnis sozialer Kräfte aus der jetzigen Situation befreit werden kann – ein Bündnis, in dem die »nachdenkliche Mittelschicht« nur ein, wenngleich bedeutender, Teil ist.[182]

Ich möchte kurz einen Schritt zurückgehen zum Risorgimento und ein letztes Mal Carlo Cattaneo zitieren: seine Beschreibung, wie die verschiedenen sozialen Kräfte im Kampf gegen die Österreicher vor dem März 1848 zusammenfanden. Sie ist von teils verblüffender Aktualität. Nach Cattaneos Ansicht war die Formierung einer gemeinsamen Front ein langsamer, aber stetiger Prozess, bei dem ein Segment der Gesellschaft nach dem anderen ein »Nationalbewusstsein« erlangte, bis die Dynamik unaufhaltsam wurde:

Es [das Nationalbewusstsein] entwickelte sich zuerst bei denen, denen es an Freiheit der Forschung, des Handels und des Reisens fehlte [...]. Allmählich erwachte es auch bei den Richtern und Staatsanwälten, die gleichfalls intensiv bespitzelt und zum gehorsamen Werkzeug gemacht worden waren; bei den Priestern, die der Hochmut der Bischöfe so fügsam gemacht hatte, dass sie sogar das Evangelium als eine Lehre der Knechtschaft interpretierten; bei den Bauern, die von den geizigen und eifersüchtigen Grundherren weitgehend im Zustand von Tieren gehalten wurden; und zuletzt bei den Höflingen selbst, für die Reichtum und adlige Abstammung nicht die Mittel zu einem Leben in Würde, sondern das Recht bedeuteten, in der Niedertracht allen voranzugehen.

Diese Veränderung des Geistes war ein langsamer, aber stetiger und allumfassender Prozess, dem keine polizeiliche Perfidie etwas anhaben konnte.[183]

Cattaneos Beschreibung weist Parallelen zu anderen Situationen auf, in denen die Tyrannei, auf unterschiedliche Weise definiert und praktiziert, das gesamte politische Gemeinwesen durchdrungen hat. Beim Aufbau einer breiten Oppositionsfront gegen diese Tyrannei haben die Autoren in der großen marxistischen Tradition des 20. Jahrhunderts stets die Notwendigkeit einer *Hierarchie* der sozialen Kräfte betont. Aufgrund seiner Rolle in der Weltgeschichte und seiner potentiellen Fähigkeit, eine andere Gesellschaft zu verwirklichen, müsse das Industrieproletariat in jedem Bündnis als die wichtigste Kraft betrachtet werden, auch wenn sich dieser Primat jeweils ganz unterschiedlich ausprägen könne. Manchmal wurde die Arbeiterklasse als das Zentrum eines Diagramms gesehen, umgeben von konzentrischen Kreisen anderer sozialer Kräfte. Oder die Arbeiterklasse wurde als eine Art Eisenbahnzug aufgefasst, wie es Gramsci in den *Gefängnisheften* tat. Selbstverständlich ist für Gramsci das Proletariat die Lokomotive, und die anderen sozialen Kräfte sind die Wagen, deren Position im Zug ihrer jeweiligen politischen Potenz entspricht. »Da die Funktion der ersten Kraft [der städtischen Kraft des Nordens] als ›Lokomotive‹ feststeht«, schrieb Gramsci, »gilt es, die verschiedenen ›nützlichsten‹ Kombinationen zur Zusammenstellung eines ›Zuges‹ zu untersuchen, der so schnell wie möglich in der Geschichte vorankommt«.[184]

Die Geschichte war nicht gnädig gegenüber diesen Entwürfen. Die italienische Arbeiterklasse in den großen Fabriken, die sich ihrer Macht bewusst war und an deren Spitze begabte Gewerkschaftsführer standen, wurde zerschlagen und zerstückelt. Man kann nicht mehr behaupten, dass sie bei der Gesellschafts- und Konsumkritik heute noch eine Vorreiterrolle spielt. Große Teile der Arbeiterschaft wählen die Parteien von Berlusconis Koalition, vor allem die Lega Nord. Und je mehr sich die Krise verschärft, desto empfänglicher wird diese Arbeiterschaft für rassistische und populistische Rhetorik.

Man muss sich jedoch vor Übertreibungen hüten, um nicht, wie manche Kommentatoren, vom »Tod der Arbeiterklasse« zu sprechen – eine Ansicht, die auf einer neoliberalen globalen Weltsicht beruht. In den letzten zehn Jahren mobilisierten sich auch große Teile der gewerkschaftlich organisierten Arbeiterschaft. In Italien sind 79 Prozent der Erwerbstätigen abhängig Beschäftigte, deren Löhne und Gehälter sinken, deren Rechte zunehmend beschnitten werden und deren Arbeitsplatz immer unsicherer wird. Es scheint sich um eine tragische Rückkehr zur Beziehung zwischen Arbeit und Kapital zu handeln, wie sie für das 19. Jahrhundert typisch war und von Cattaneos Zeitgenossen, ja von ihm selbst beschrieben wurde.

In dieser Situation muss man die Möglichkeiten eines breiten sozialen und politischen Bündnisses ins Auge fassen, an der große Teile der unteren Bevölkerungsschichten sowie der Mittelschichten beteiligt sind. Keine einzelne Klasse würde sich an die Spitze einer solchen Bewegung stellen. Es wäre vielmehr ein Bündnis gegen die Regierung Berlusconi, gegen den neoliberalen Konsens, für den diese Regierung steht, gegen den »Sado-Monetarismus« (ein Neologismus, der sich schnell durchgesetzt hat und auf die Tatsache abzielt, dass die Arbeiterklasse und die Mittelschichten für die weltweite Krise bezahlen müssen, die der Gier der Superreichen geschuldet ist).

Für ein solches Bündnis wäre idealerweise eine Führung erforderlich, die nicht parteipolitisch gebunden, nicht an persönlicher Macht interessiert und in der Lage ist, zu einen statt zu teilen; eine Führung, die Abstand hält von den politischen Praktiken und Klientelbeziehungen, wie sie für alle Bereiche der italienischen Politik und Gesellschaft typisch sind. Eine solche kollektive Führung – charismatische Führer gibt es in Italien schon genug – würde materielle Interessen verteidigen und gleichzeitig eine grundlegende kulturelle Erneuerung bringen.

Mit welchen Mitteln?

Am 12. Januar 1848 – es war nicht zufällig der Geburtstag Ferdinands II. von Bourbon – hissten der Student Giuseppe La Masa und andere junge sizilianische Revolutionäre und Patrioten die Trikolore und riefen in Palermo die Revolution aus. Das war die erste von zahlreichen Erhebungen, die in jenem Jahr stattfanden. In dem Aufruf, mit dem sie ihre Aktion ankündigten, erklärten die sizilianischen Revolutionäre: »Die Zeit der Bitten ist ergebnislos verstrichen. Fruchtlos die Proteste, die Petitionen, die friedlichen Kundgebungen [...]. Im Morgengrauen des 12. Januar 1848 wird die glorreiche Epoche einer allgemeinen Erneuerung anbrechen. Palermo wird die bewaffneten Sizilianer, die sich zur Unterstützung der gemeinsamen Sache einfinden, begeistert empfangen.«[185] Das Ziel war die Unabhängigkeit Neapels und ein föderales, demokratisches Italien.

Doch an jenem schicksalhaften Morgen kam niemand. Ein anonymer Teilnehmer schrieb später, auf der Piazza della Fieravecchia, einem der Sammelpunkte der Revolutionäre, seien

nicht mehr als zwanzig Bürger gewesen, ausgerüstet mit Hieb- und teils auch Feuerwaffen, das Band der Trikolore an Brust und Mütze geheftet, voll grenzenlosen Wa-

122

gemuts, die ungeduldig darauf warten, dass sich ihnen weitere anschlossen, um eine eindrucksvollere und kompaktere Menge zu bilden. Diese Stunde des Wartens und Zweifelns war entsetzlich; doch dann kamen weitere hinzu, voller Elan, sich uns anzuschließen, und ohne Waffen. Einige von ihnen suchten die Häuser in den umliegenden Straßen auf, forderten die Furchtsamen auf, Waffen herauszugeben, und ermunterten die Beherzten mitzugehen.[186]

Im Laufe des Vormittags tauchten weitere Gruppen von Patrioten auf, aber es kamen auch die bourbonischen Soldaten, von denen Schätzungen zufolge damals 5000 in der Stadt waren. Sie eröffneten das Feuer, und die Patrioten flüchteten. Es gab Tote. Am Abend kehrten La Masa und seine Gefährten in das volkstümliche Viertel Fieravecchia zurück, dessen Piazza am Morgen leer geblieben war. Diesmal jedoch wurden dreißig Barrikaden errichtet, und die Handwerker und Fischer des Viertels schlossen sich den Bürgersöhnen an. In den folgenden Tagen trafen weitere 5000 Soldaten als Verstärkung in der Stadt ein, und Ferdinand II. beschloss, die Stadt vom Meer aus zu beschießen, um auf diese Weise die Aufständischen zur Kapitulation zu zwingen. Aber vergeblich. Am 27. Januar musste er die Stadt den revolutionären Kräften überlassen.

Das Risorgimento war insgesamt eine gewalttätige Epoche, wie nicht anders zu erwarten, denn der romantische Nationalismus des 19. Jahrhunderts verherrlichte die Tapferkeit seiner Kämpfer in Vergangenheit und Gegenwart. Es gibt nur wenige europäische Schriftsteller der Romantik – Shelley ist einer von ihnen –, die Gewalt grundsätzlich ablehnten.

Im Risorgimento kam es selten zu Akten willkürlicher Gewalt. Einer derjenigen, die 1860 zu solchen Mitteln griffen, war Bixio, doch Garibaldi tolerierte offenbar seine Exzesse, weil er ein unerschrockener Kämpfer und ein Offizier war, dem seine Männer bedingungslos ergeben waren. Doch überall im Risorgimento finden wir die »starken Tugenden« in der Definition Bobbios: Entschlossenheit, Kühnheit, Wagemut etc. Giuseppe Cesare Abbas berühmter Bericht vom Zug der Tausend liest sich wie eine lange Liste dieser im Wesentlichen männlichen Tugenden, und sie waren eng mit der unvermeidlichen Ausübung von Gewalt verbunden – Machiavellis Löwe und Fuchs hätten bei diesem Zug genügend zu fressen gefunden.[187]

Der junge Mazzini ging sogar noch einen Schritt weiter. Ihm zufolge heiligte der Zweck (die Einheit und Unabhängigkeit Italiens) nicht nur die niedrigsten Gefühle, sondern wertete sie sogar noch moralisch auf: »Hass und Rache«, schrieb er, »an sich schändlich, werden zu heiligsten Empfindungen, wenn das Opfer ein fremder Plünderer ist und der Altar der Altar der Freiheit und des Vaterlands. Ohne diesen Hass und diese Rache werden wir nie das Vaterland und die Freiheit erlangen.«[188]

Welche Alternative dazu hat jemand, der heute Italien retten will, und zwar mit anderen Mitteln? Wenn ein Hauptziel die Schaffung einer sanftmütigen Nation ist, wie ich es im zweiten Kapitel darzulegen versuchte, sind die Methoden des Risorgimento und eines Großteils der italienischen Nationalgeschichte unangebracht. Strategien des politischen Handelns, die Gewalt nur als *ultima ratio* zulassen, stellen sich eine kühne Aufgabe. Wie schwierig sie ist, zeigen die Anti-Berlusconi-Bewegungen dieser Jahre. Sie verliefen zwar weitgehend friedlich, waren aber – ein grundlegendes Dilemma – gerade wegen ihres gemäßigten Wesens und ihres Verantwortungsbewusstseins zur Ohnmacht verurteilt. Dies gilt in besonderem Maße für eine von den Medien beherrschte Gesellschaft, die den Stellenwert eines Ereignisses nicht nach seiner Bedeutung für die Zivilgesellschaft, sondern nach seinem Sensationswert beurteilt. »Wir hören nur dann wieder voneinander, wenn es zu Gewalttätigkeiten kommt«, sagten die Journalisten zu uns, als wir Anfang der siebziger Jahre als Studenten in Cambridge gegen das Obristenregime demonstrierten, das in Griechenland nicht nur die akademische Freiheit bedrohte.

Für dieses Problem gibt es keine einfache Lösung. Wenn man Gewalt ablehnt – keine Revolution am Geburtstag des Königs, keine Schlacht von Custoza und am Volturno, keinen Zug der Tausend zur Eroberung des Südens, keinen Pisacane und keinen Garibaldi –, was bleibt dann für Alternativen? Es bleibt nur der Rückgriff auf andere soziale Tugenden, wobei ich zögere, diese als schwach oder stark zu definieren. Eine dieser Tugenden ist die Beharrlichkeit: die Fähigkeit, einen Kampf weiterzuführen, der noch lange nicht zu Ende sein wird. Eine andere ist die Kreativität, die trotz des beschränkten Handlungsspielraums immer wieder neue Aktionen ersinnt. Ich möchte auch die »mobilen Reformen« hinzurechnen – ein Ersatz für die mobilen Barrikaden, die die Bevölkerung Mailands gegen die Truppen von Feldmarschall Radetzky in ihrer Stadt errichtete. Gemeint sind nicht »Reformen«, von denen heute so viel die Rede ist – die Rentenreform (oder vielmehr die Rentenkürzungen), die Reform (oder vielmehr die Aufhebung) der Gewaltenteilung oder die Verfassungsreform (hierzu erübrigt sich jeder Kommentar). Es wären vielmehr Reformen, an denen die Bürger in einem Prozess der Entscheidungsfindung von unten nach oben beteiligt sind, wie es Cattaneo vorschwebte. Idealerweise sind die »mobilen Reformen« solche, die die Menschen dazu bringen, sich für Politik zu interessieren, sich zu organisieren und aktiv und dauerhaft am Reformprozess teilzunehmen. Die Individuen wären nicht nur die passiven Adressaten politischer Maßnahmen von oben, sondern aktive und kritische Bürger, die ihren Dissens artikulieren. Auf diese Weise würde die Politik, wie wir sie heute kennen, auf den Kopf gestellt, da die Politiker gezwungen wären, die Macht zu verteilen statt zu konzentrieren. Das Konzept der »mobilen Reformen« lässt sich auf viele unterschiedliche Bereiche übertragen: auf die Umwelt mit Mülltrennung, Energieeinsparungen und anderen Maßnahmen, die von der Familie ausgehen; auf die politische Partizipation mit der Schaffung von echten Bürgerforen (womit ich nicht das meine, was man in Italien fadenscheinig »Konsultationen« nennt). In diesem Prozess – einem rollenden Schneeball vergleichbar, der immer größer wird – heiligt der Zweck nicht die Mittel. Die Mittel werden vielmehr selbst zum Zweck.

Ich habe Canovas *Italia* an der Piazza Santa Croce zurückgelassen, jene *Italia*, die ihr Taschentuch entschlossen weggesteckt hat und majestätisch dahinschreitet, lächelnd, das Füllhorn in Händen. Das Land verändert sich vor ihren Augen. Vom anderen Ende der Piazza kommt ihr eine Gruppe von Frauen entgegen, die ihr Blumen für das Füllhorn bringen, Blumen, wie Garibaldi sie im März 1862 Manzoni brachte. Sie sind die Vertreterinnen einer in ihren Institutionen und ihrer demokratischen Kultur von Grund auf erneuerten Nation, die durch Europa neu belebt wird und selbst belebend wirkt, durchdrungen von der Idee der Gleichheit als der stolzen Weggefährtin der Freiheit und nicht als ihrer Zerstörerin. Die Frauen auf der Piazza und die Männer an ihrer Seite beklagen nicht mehr das Fehlen einer starken nationalen Identität, sondern werden von einer nur scheinbar schwachen sozialen Tugend beflügelt: der Sanftmut. Ihr Patriotismus ist defensiv und von Mitgefühl geprägt – kraftvolles Vorbild für Staatsbürger, die es satt haben, in Passivität zu verharren und Verzicht zu leisten. Dieses Vorbild zerstreut das Gift, das in so katastrophaler Weise auf die Geschichte des 20. Jahrhunderts eingewirkt hat, und setzt ihm ein neues Italien entgegen, das neben der Sanftmut auch die Festigkeit kennt, im Innern wie nach außen. Ein neues Italien, das im Innern die lange Tradition des Klientelismus zu brechen versucht, den Nährboden der kriminellen Organisationen. Jetzt sollen klare und transparente Regeln gelten, die von allen beachtet werden. Nach außen predigt dieses neue Italien die Kultur des Friedens und fordert auch andere Länder auf, diesen Anspruch zu teilen. Diese Absichten und diese Aktionen bekunden, welchen Platz Italien in der heutigen Welt einnehmen möchte.

Anmerkungen

1   2009 wurden laut ministerieller Statistik 40.084 Personen eingebürgert; vgl. www.interno.it, Ministero dell'Interno. Dipartimento per le libertà civili e l'immigrazione, statistiche per l'anno 2009; vgl. Vladimiro Polchi, ›Operai, istruiti e stranieri l'identikit dei nuovi italiani‹, in: *La Repubblica*, 22. April 2010.

2   Carlo Cattaneo, ›Su la »scienza nuova« di Vico‹ [1839], in: Ders., *Scritti filosofici*, hg. von Norberto Bobbio, Bd. 1, Le Monnier, Florenz 1960, S. 134. Kursivierung vom Autor.

3   Vgl. das Stichwort »Decadenza« von Jacques Le Goff, in: *Enciclopedia Einaudi*, Bd. 4 , Einaudi, Turin 1978, S. 389–420.

4   Arjan De Koomen, ›L'età dei lumi e il sublime. I monumenti a Niccolò Machiavelli e a Vittorio Alfieri‹, in: *Il Pantheon di Santa Croce a Firenze*, hg. von Luciano Berti, Giunti, Florenz 1993, S. 183–220.

5   Ugo Foscolo, Brief an Cornelia Martinetti, 19. bis 20. August 1812, in: Ders., *Epistolario*, hg. von P. Carli, Le Monnier, Florenz 1954, Bd. 4, S.102; zit. in: *De Koomen*, a. a. O., S. 216. Ich danke Francesca Serra dafür, dass sie mir das Grabmal von Alfieri gezeigt hat, und Alberto Banti für seine Analyse der weiblichen Allegorien des Nationalismus in Europa; F. Serra, *Povera patria, Milano, gennaio 1816*, erscheint in Kürze ; A. M. Banti, *L'onore della nazione. Identità sessuali e violenza nel nazionalismo europeo dal XVIII secolo alla Grande Guerra*, Einaudi, Turin 2005, S. 3–32.

6   Giacomo Leopardi, ›An Italien‹, in: Ders., *Gesänge*. Zweisprachige Ausgabe, nachgedichtet von Michael Engelhard, Rütten & Loening, Berlin, 1. Aufl. 1990, S. 6f.

7   Simonde de Sismondi, *Histoire des Républiques italiennes du moyen âge*, 16 Bde., Gesner, Zürich/Paris 1807–1818. Zum Konzept der Freiheit als Abwesenheit von Abhängigkeit vgl. Quentin R.D. Skinner, ›A Third Concept of Liberty‹, in: *Proceedings of the British Academy*, Bd. 117, 2002, S. 237–268.

8   Die Zitate stammen aus einer einbändigen, erstmals 1833 in Lugano erschienenen Auswahl der Werke Sismondis; vgl. jetzt

Storia delle Repubbliche italiane, hg. von Pierangelo Schiera, Bollati Boringhieri, Turin 1996, S. 342 f. Eine deutsche Übersetzung des Werks ist 1824 unter dem Titel *Geschichte der italienischen Freystaaten* im Verlag der Genferschen Buchhandlung in Zürich erschienen. Die Zitate wurden für dieses Buch aus dem Italienischen neu übersetzt.

9 Anonym, ›The Women of Italy‹, in: *London Magazine, New Series*, Bd. 6 (1826), Nr. 22, 1. Okt. 1826, S. 204–219. Die italienische Übersetzung findet sich heute zusammen mit dem englischen Original in: Ugo Foscolo, *Scritti vari di critica storica e letteraria*, hg. von U. Limentani, Le Monnier, Florenz 1978, S. 417–469.

10 Roberto Bizzocchi, ›Una nuova morale per la donna e per la famiglia‹, in: Alberto Mario Banti/Paul Ginsborg (Hgg.), *Storia d'Italia. Annali 22. Il Risorgimento*, Einaudi, Turin 2007, S. 69–96.

11 Anonym, ›The Women of Italy‹, a. a. O., S. 218 (italienische Ausgabe S. 465–467).

12 Alberto Asor Rosa, *Storia europea della letteratura italiana*, Bd. 2, *Dalla decadenza al Risorgimento*, Einaudi, Turin 2009, S. 438.

13 Giovanni Berchet, ›Sul »Cacciatore feroce« e sulla »Eleonora« di Goffredo Augusto Bürger. Lettera semiseria di Grisostomo al suo figliuolo‹, in: Ders., *Opere*, Bd. 2, *Scritti critici e letterari*, hg. von Egidio Bellorini, Laterza, Bari 1912, S. 17.

14 Ebd., S. 26.

15 Iris Origo, *The Last Attachment*, Jonathan Cape, London 1949, S. 252, nach einem Brief von Byron an Moore vom 28. April 1821; *Byron's Letters and Journals*, hg. von Leslie A. Marchand, Bd. 8, John Murray, London 1978, S. 105.

16 Peter Burke, ›Tradition and Experience: The Idea of Decline from Bruni to Gibbon‹, in: *Daedalus*, 1976, Nr. 2, S. 137–152, benennt sechs Indikatoren für den Niedergang, die weiter analysiert werden in: Le Goff, *Decadenza*, a. a. O., S. 409 ff.

17 Weniger als 30 Prozent der Katholiken besuchen gelegentlich einen Gottesdienst; Franco Garelli, *L'Italia cattolica nell' epoca del pluralismo*, Il Mulino, Bologna 2006, S. 121.

18 Karl R. Popper/John Condry, *Cattiva maestra televisione*, Reset, Roma 1996 (1. Aufl. 1994).

19 Siehe oben Anm. 13.

20 Vittorio Foa u. a., *Le virtù della Repubblica*, Il Saggiatore, Mailand 1994.

21 Demos & Pi (hg. von Ilvo Diamanti), *Dodicesimo rapporto* *annuale, Gli italiani e lo stato*, herunterzuladen unter: www. demos.it. Vgl. die Zusammenfassung in: *Venerdì di Repubblica*, 11. Dezember 2009.

22 Die Liste von Transparency International stützt sich auf Untersuchungen angesehener Institutionen wie dem World Economic Forum und der Economist Intelligence Unit.

23 Vgl. bes.: Donatella Della Porta/Alberto Vannucci, *Mani impunite. Vecchia e nuova corruzione in Italia*, Laterza, Rom/Bari 2007. Vgl. auch das Interview von Marco Travaglio mit einem der Protagonisten von *Mani pulite*, Piercamillo Davigo: ›Oggi la Casta dei corrotti fa quadrato‹, in: *Il Fatto Quotidiano*, 17. Februar 2010. Zur Reform der Gesetzgebung über Bilanzfälschung (2001) erklärt Davigo z. B.: »Die Strafen wurden herabgesetzt, und damit reduziert sich auch die Verjährungsfrist; so wird es unmöglich, die Prozesse rechtzeitig zu Ende zu bringen. Außerdem wurde die Schwelle für Strafbarkeit enorm hochgesetzt.«

24 Italien hatte 1997 einen Anteil von 5,4 Prozent an den weltweiten Exporten, 2008 dagegen nur noch von 3,3 Prozent. Die entsprechenden Zahlen für Dienstleistungen sind 5,5 Prozent (1995) und 3,2 Prozent (2008); WTO, *World Trade Developments in 2008*, Tabellen 1,8 und 1,10. Vgl. http://www.wto.org. Das Bruttosozialprodukt pro Kopf der Bevölkerung lag in Italien (Durchschnitt der EU = 100) im Jahr 2000 bei 116,9 Punkten und damit höher als das französische und nicht sehr weit unter dem deutschen und englischen. 2008 war es mit wachsendem Abstand zu diesen drei Ländern auf 102,0 gesunken und lag hinter Spanien (102,6); Adriano Bonafede/Massimiliano Di Pace, ›Berlusconi, i governi del declino‹, in: *La Repubblica*, Affari e Finanza, 15. März 2010.

25 Zur Debatte über dieses Thema und die Bedeutung von Adam Smith in dieser Hinsicht vgl. Amartya Sen, *Etica ed economia*, Laterza, Rom/Bari 2000, S. 31ff. (zuerst englisch unter dem Titel *On ethics and economics*, Blackwell, New York/Oxford 1987).

26 Andrea Brandolini, ›L'evoluzione recente della distribuzione del reddito in Italia‹, in: Ders./Chiara Saraceno/Antonio Schizzerotto (Hgg.), *Dimensioni della disuguaglianza in Italia: povertà, salute, abitazione*, Il Mulino, Bologna 2009, S. 59–61.

27 Vgl. Richard Wilkinson/Kate Pickett, *The Spirit Level. Why More Equal Societies Almost Always Do Better*, Allen Lane, London 2009.

28 Lorella Zanardo, *Il corpo delle donne*, Feltrinelli, Mailand 2010.

29 Brief aus Genf vom 19. November 1810, in: G. C. L. Sismondi, *Epistolario*, Bd. 1 (1799–1814), La Nuova Italia, Florenz 1933, S. 325.

30 Luigi Settembrini, ›Parole dette il 2 Giugno 1861 nel primo educandato dall'Ispettore generale degli studi‹, in: Ders., *Scritti vari di letteratura, politica, ed arte*, Bd. 1, Morano, Neapel 1879, S. 3–5.

31 Carlo Cattaneo, ›Prima lettera al Direttore del »Times«‹, 12. Januar 1859, in: Ders., *Scritti politici*, hg. von Mario Boneschi, Bd. 2, Le Monnier, Florenz 1965, S. 486.

32 Ders., ›Su la »scienza nuova« di Vico‹, a. a. O., S. 97.

33 Ebd., S. 122.

34 Ebd., S. 100.

35 Camillo Benso di Cavour, ›Discorso al parlamento, 9. Febbraio 1859‹, in: Ders., *Società, stato e chiesa. Antologia*, hg. von Alessandro Roveri, La Nuova Italia, Florenz 1973, S. 234ff.

36 Ebd., S. 236.

37 Ebd., S. 238. In einem Brief an Napoleon III. vom 10. April schreibt Cavour: »Vielleicht habe ich die Engländer über Gebühr gelobt; aber es war notwendig, damit sie einige harte Wahrheiten akzeptieren.« Zitiert in: *Il carteggio Cavour-Nigra dal 1858 al 1861*, Bd. 2, Zanichelli, Bologna 1926, S. 7.

38 Otto Bauer, *Die Nationalitätenfrage und die Sozialdemokratie*, Wiener Volksbuchhandlung, Wien 1924 (1. Aufl. 1907). Zur Einführung in diese Thematik vgl. Umut Özkırımlı, *Contemporary Debates on Nationalism. A Critical Engagement*, Palgrave Macmillan, Basingstoke/New York 2005.

39 Carolyn Marvin/David W. Ingle, *Blood Sacrifice and the Nation*, Cambridge University Press, Cambridge 1999, S. 5.

40 Alberto M. Banti, ›La nazione del Risorgimento. Parentela, santità e onore alle origini dell'Italia unita‹, Einaudi, Turin 2000; Ders., *L'onore della nazione, a. a. O.*

41 Zum Begriff der »Grundkonstellationen« vgl. Alberto M. Banti/Paul Ginsborg, ›Per una nuova storia del Risorgimento‹, in: Dies. (Hgg.), *Storia d'Italia, a.a.O.*, S. XXVIII–XXXIV.

42 Federica Planat de la Faye (Hg.), *Documenti e scritti autentici lasciati da Daniele Manin*, Bd. 1, Antonelli, Venedig 1877, S. 114.

43 ›Gl'italiani della Lombardia e della Venezia ai Tedeschi dell' Austria‹, 9. April 1848, in: *Raccolta per ordine cronologico di tutti gli atti, decreti, nomine ecc. del governo provvisorio di Venezia, non-*

ché scritti, avvisi, desideri ecc. di cittadini, Bd. 1, Andreola, Venedig 1848, S. 449.

44 Carlo Cattaneo, ›Programma del »Cisalpino«‹, 17. März 1848, in: Ders., *Scritti politici,* Bd. 2, a. a. O., S. 409.

45 Peter Gay, *The Cultivation of Hatred,* W. W. Norton, New York 1993. Vgl. auch Eric Hobsbawm, *Nationen und Nationalismus. Mythos und Realität seit 1780,* Campus, Frankfurt 2004.

46 Vgl. zu Mameli unten S. 76.

47 Ich danke Maurizio Viroli, der mich in *Per amore della patria. Patriottismo e nazionalismo nella storia,* Laterza, Rom/Bari 1995, auf die analysierten Autoren aufmerksam gemacht hat. Die Kritik am Werk Virolis und die Antwort des Autors finden sich im Vorwort zur zweiten Auflage 2001.

48 George Orwell, *Collected Essays, Journalism and Letters,* Bd. 3: *As I Please, 1943–1946,* Nonpareil Books, Boston 2000, S. 361–379.

49 Ders., ›England Your England‹, in: *The Lion and the Unicorn. Socialism and the English Genius,* Penguin, Harmondsworth 1982 (1. Aufl. 1941), S. 54. Vgl. auch Stephen Lutman, ›Orwell's Patriotism‹, in: *Journal of Contemporary History,* Bd. 2 (1967), Nr. 2, S. 149–158; Bernard Crick, *George Orwell. A Life,* Secker & Warburg, London 1980, bes. S. 255–257, 270f.

50 Ders., *Mein Katalonien. Bericht über den Spanischen Bürgerkrieg,* Diogenes, Zürich 1975, S. 287. (Orig.: George Orwell, *Homage to Catalonia,* Penguin, Harmondsworth 1979 [1. Aufl. 1938], S. 221).

51 Simone Weil, *Die Einwurzelung. Einführung in die Pflichten dem menschlichen Wesen gegenüber,* Kösel, München 1956, S. 236 f. (Orig.: Simone Weil, *L'Enracinement,* Gallimard, Paris 1949).

52 Ebd., S. 257.

53 Ebd., S. 254 f.

54 Ebd., S. 248.

55 Ebd., S. 259.

56 Ebd., S. 317.

57 Carlo Rosselli, ›La lezione della Sarre‹, in: Ders., *Scritti dell'esilio,* Bd. 2, *Dallo scioglimento della concentrazione antifascista alla guerra di Spagna,* hg. von Costanzo Casacci, Einaudi, Turin 1992, S. 96.

58 Carlo Rosselli, *Socialismo liberale,* Einaudi, Turin 1979, S. 135.

59 Giulio Bollati, *L'Italiano,* Einaudi, Turin 1983 (1. Aufl. 1972), S. 97.

60 Ebd., S. 103.

61 Vincenzo Gioberti, *Del primato morale e civile degli italiani*, hg. von Ugo Redanò, Bd. 1, Fratelli Bocca, Mailand 1938; Bd. 2, ebd. 1939 (1. Aufl. Paris 1843).

62 Ebd., Bd. 1, S. 24–26.

63 Ebd., S. 21.

64 Ebd., S. 69.

65 Ebd., S. 143.

66 Die Auswahl dieser Elemente orientiert sich stark an den »Metawerten«, die Marco Revelli als möglichen neuen »genetischen Code« der Politik definiert hat. Vgl. Ders., *Sinistra destra. L'identità smarrita*, Laterza, Rom/Bari 2007, S. XXIff. Revelli stellt vier konstitutive Prinzipien als Kriterien zur Wahl: zwischen Gewalt und Gewaltlosigkeit, Entscheidung und Verantwortung, Ausschluss und Einschluss, Logik der Entwicklung und Kultur der Begrenzung. Die von mir gewählten Kriterien unterscheiden sich von denen Revellis vor allem dadurch, dass ich mich auf die italienische Besonderheit und auf die Verankerung in der Vergangenheit konzentriert habe.

67 Simone Weil, *Die Einwurzelung*, a. a. O., S. 317.

68 Carlo Cattaneo, ›Considerazioni‹, in: *Archivio triennale delle cose d'Italia* (1850), hg. von Luigi Ambrosoli, Mondadori, Mailand 1974, Bd. 1, S. 653. Kursivierung von Cattaneo.

69 Carlo Cattaneo, ›Sulla legge comunale e provinciale‹ (1864), in: Ders., *Scritti politici,* hg. von Mario Boneschi, Bd. 4, Le Monnier, Florenz 1965, S. 424.

70 Ebd., S. 425.

71 Ebd., S. 431f. Kursivierung des Autors.

72 Ebd., S. 422.

73 Cattaneo, ›Considerazioni‹, a. a. O., S. 641. Vgl. auch Ders., *Notizie naturali e civili su la Lombardia* (1844) und *La città considerata come principio ideale delle istorie italiane* (1858), hg. von Franco Livorsi/Robertino Ghiringhelli, Mondadori, Mailand 2001, S. 193–243.

74 Bemerkenswerterweise rief Daniele Manin, nachdem das venezianische Parlament 1848 den unseligen Beschluss über die Vereinigung mit Piemont gefasst hatte und er zurückgetreten war, nach seiner Rückkehr in sein Amt formal nicht ein zweites Mal die Republik aus.

75 Den Grund für diesen auch persönlichen Misserfolg erklärt Cattaneo in ›Dell'insurrezione di Milano nel 1848 e della successiva guerra. Memorie‹, in: Ders., *Opere scelte*, hg. von Delia

Castelnuovo Frigessi, Bd. 3, Einaudi, Turin 1972.

76 Cattaneo schrieb nie ein systematisches Werk über den italienischen Föderalismus. Zum gelegentlichen Gebrauch des Begriffs »Vereinigte Staaten von Italien« vgl. Norberto Bobbio, *Una filosofia militante. Studi su Carlo Cattaneo*, Einaudi, Turin 1971, S. 32, Anm. 2. Bobbios Aufsätze sind nach wie vor grundlegend für die Forschung über Cattaneo. Vgl. auch Martin Thom, ›Europa, libertà e nazioni: Cattaneo e Mazzini nel Risorgimento‹, in: Banti/Ginsborg (Hgg.), *Il Risorgimento*, a. a. O., S. 331–378.

77 Carlo Moos, *L'»altro« Risorgimento. L'ultimo Cattaneo tra Italia e Svizzera*, Franco Angeli, Mailand 1992, S. 426.

78 Johann Wolfgang Goethe, *Italienische Reise*, hg. von Herbert von Einem, C. H. Beck, München, 2006, S. 149, 13. Dezember 1786.

79 Ebd., S. 147, 3. Dezember 1786.

80 Giuseppe Mazzini, ›La Lega internazionale dei popoli‹ (1847), in: *Scritti editi ed inediti di Giuseppe Mazzini*, Bd. 36, Galeati, Imola 1922, S. 8–10. Vgl. auch Ders., *Pensieri sulla democrazia in Europa* (1846), hg. von Salvo Mastellone, Feltrinelli, Mailand 2005.

81 Cattaneo, ›Dell'insurrezione di Milano‹, a. a. O., S. 283.

82 Ders., Brief an Cristoforo Negri, 27. Februar 1854, in: *Scritti politici ed epistolari*, hg. von Gabriela Rosa/Jessie White Mario, Bd. 2, G. Barbera Tip. Editore, Florenz 1894, S. 69.

83 John Morley, *The Life of William Ewart Gladstone*, Bd. 2, Macmillan, London 1904, S. 109f., zit. in: Christopher Duggan, ›Gran Bretagna e Italia nel Risorgimento‹, in: Banti/Ginsborg (Hgg.), *Il Risorgimento*, a. a. O., S. 796.

84 Altiero Spinelli/Ernesto Rossi, *Il Manifesto di Ventotene* (1941), Mondadori, Mailand 2006.

85 Ebd., S. 26.

86 Ebd., S. 29.

87 Perry Anderson, *The New Old World*, Verso, London 2009, S. 484.

88 Tommaso Padoa-Schioppa, *Italia. Una ambizione timida*, Rizzoli, Mailand 2007, S. 140.

89 Kenneth Dyson/Kevin Featherstone, ›Italy and EMU as a »Vincolo esterno«: Empowering the Technocrats, Transforming the State‹, in: *South European Society and Politics*, Bd. 1 (1996), Nr. 2, S. 272–299.

90 Maurizio Ferrera/Elisabetta Gualmini, *Salvati dall'Europa*, Il Mulino, Bologna 1999.

91 David Charter, ›Italian MEPs top Eurolist of Representatives

Best Paid for Least Work‹, in: *The Times,* 16. Mai 2009.

92 Antonio Estella, *The EU Principle of Subsidiarity and its Critique*, Oxford University Press, Oxford 2002.

93 Für Details und Erklärungsversuche vgl. Paul Ginsborg, *Storia d'Italia. Famiglia, società, stato, 1943–1996,* Einaudi, Turin 1998, S. 860f.

94 Claudio Lindner, ›Scontro all'esordio europeo di Berlusconi‹, in: *Corriere della Sera*, 3. Juli 2003.

95 Vgl. oben S. 13f.

96 Charles-Louis de Secondat de Montesquieu, *Meine Gedanken. Aufzeichnungen,* Carl Hanser Verlag, München/Wien 2000, S. 368, Nr. 2084 (Orig.:Charles-Louis de Montesquieu, *Mes Pensées*, VI, ›Cupidité et Libéralité‹, Nr. 1130, in: Ders., *Oeuvres complètes,* hg. von Roger Caillois, Bd. 1, Gallimard, Paris 1949, S. 1290.)

97 Paul Ginsborg, ›Dopo la rivoluzione. Banditi nella pianura padana, 1848–54‹, in: *Terra d'Este*, Bd. 1 (1991), Nr. 2, S. 7–29.

98 Bollati, *L'Italiano*, a. a. O., S. 105.

99 Carlo Pisacane, *La rivoluzione*, Sampietro Editore, Bologna, o. J., S. 172.

100 ›Testamento politico di Carlo Pisacane‹, in: Ebd., S. 205.

101 Ebd., S. 20.

102 Tiziano Merlin, *Gli anarchici, la piazza e la campagna. Socialismo e lotte bracciantili nella Bassa padovana (1866–1895)*, Odeonlibri, Vicenza 1980.

103 Denis Mack Smith, *Garibaldi e Cavour nel 1860*, Einaudi, Turin 1958, S. 456–461.

104 Als der Süden in den Jahren 1951–1961 Wachstumsraten bis zu 5,7 Prozent erreichte, äußerte sich der angesehene Wirtschaftswissenschaftler Pasquale Saraceno 1962 vorsichtig optimistisch: »Es scheint, als könnten wir jetzt mehr denn je in der bisherigen Geschichte des italienischen Nationalstaats die Probleme des Südens lösen.« Pasquale Saraceno, *L'Italia verso la piena occupazione*, Feltrinelli, Mailand 1963, S. 193.

105 *Rapporto SVIMEZ 1991 sull'economia del Mezzogiorno*, Bologna 1991, passim; Carlo Trigilia, *Sviluppo senza autonomia*, il Mulino, Bologna 1994, S. 61–63.

106 Cattaneo, ›Considerazioni‹, a. a. O., S. 650.

107 Wilkinson/Pickett, *The Spirit Level*, a. a. O.

108 Vgl. Anthony B. Atkinson, *The Changing Distribution of Earnings* *in OECD Countries*, Oxford University Press, Oxford 2008; zu Italien vgl. S. 262–279.

109 Wilkinson/Pickett, *The Spirit Level*, a. a. O., S. 25.

110 Ebd., S. 58–60, Tab. 4 und 5.

111 Cattaneo, ›Su la »scienza nuova« di Vico‹, a. a. O., S. 121.

112 Telegramm an Graziani, 8. Juli 1936, zitiert bei Angelo Del Boca, *Italiani, brava gente?*, Neri Pozza, Vicenza 2005, S. 206; das Kapitel über Debrà Libanòs findet sich auf den Seiten 205–227.

113 Vgl. Angelo Del Boca, ›Faschismus und Kolonialismus. Der Mythos von den »anständigen Italienern«‹, in: Irmtrud Wojak/Susanne Meinl (Hgg.), *Völkermord und Kriegsverbrechen in der ersten Hälfte des 20. Jahrhunderts*, Campus Verlag, Frankfurt/New York 2004, S. 193–202. Vgl. auch David Bidussa, *Il mito del bravo italiano*, Il Saggiatore, Mailand 1994, sowie die aufschlussreiche Untersuchung von Silvana Patriarca, *Italianità. La costruzione del carattere nazionale*, Laterza, Rom/Bari 2010, S. 208–210.

114 Norberto Bobbio, ›Lob der Sanftmut‹, in: Ders., *Ethik und die Zukunft des Politischen*, Verlag Klaus Wagenbach, Berlin 2009, S. 93–115. Bobbios Essay vorausgehend und für unser Thema unter rechtlichem Aspekt grundlegend ist Gustavo Zagrebelsky, *Il diritto mite. Legge, diritti, giustizia*, Einaudi, Turin 1992.

115 Bobbio, ›Lob der Sanftmut‹, a. a. O., S. 103.

116 Ebd., S. 100.

117 Ebd., S. 112.

118 Ebd., S. 105.

119 Carlo Cattaneo, ›Problemi sull'Europa. Studi sull'Italia‹, in: Ders., *Scritti politici*, Bd. 4, S. 210.

120 Dies ist meines Erachtens die These Giuliano Pontaras in seinem Aufsatz ›Il mite e il nonviolento. Su un saggio di Bobbio‹, zitiert in: Norberto Bobbio, *Elogio della mitezza e altri scritti morali*, Linea D'Ombra, Mailand 1994, S. 39.

121 Johannes Chrysostomos, *Omelie su Davide e Saul*, Città Nuova, Rom 2008 (in griechischer und lateinischer Sprache in: J. P. Migne, *Patrologia Graeca*, Paris 1858–1860, Bd. 54, S. 670–708).

122 Cesare Beccaria, *Von den Verbrechen und von den Strafen*, Berliner Wissenschafts-Verlag, Berlin 2004. Zur Beziehung zwischen *dolcezza* (Milde) und *mitezza* (Sanftmut) siehe Norberto Bobbio, ›Lob der Sanftmut‹: »Wenn Montesquieu dem grausamen Charakter des japanischen Volks das indische Volk mit seinem *caractère doux* gegenübersteIlt, übersetzen wir das mit *mite*, und der Begriff erscheint uns genauer, weniger allgemein [...], ganz im Gegensatz zu Beccarias berühmtem Buch [...] und dem Kapitel *La dolcezza delle pene (Milde der Strafen)*, wo wir *dolcezza* eher im Sinn von *mitezza* [Sanftmut] verstehen«(zitiert nach Norberto Bobbio, *Elogio della mitezza e altri scritti morali*, Linea d'Ombra, Mailand 1994, S. 20f.).

123 Beccaria, *Von den Verbrechen und von den Strafen*, a. a. O., S. 45f.

124 Cesare Beccaria, *Dei delitti e delle pene*, hg. von Franco Venturi, Einaudi, Turin, 1994 (1. Auflage 1965), S. XVII.

125 Lilian R. Furst, *The Contours of European Romanticism*, Macmillan, London 1979, S. 40–55.

126 Für eine genauere Analyse des »Byronismus« und der romantischen Helden vgl. meinen Aufsatz ›Romanticismo e il Risorgimento: l'io, l'amore e la nazione‹, in: Banti/Ginsborg (Hgg.), *Storia d'Italia*, a. a. O., S. 14–18 und 56–62.

127 Zitiert in: ›Mameli, Goffredo‹, in: *Dizionario del Risorgimento nazionale*, Bd. 3, Vallardi, Mailand 1933, S. 451.

128 C. Augusto Vecchi, ›Garibaldi e Caprera‹, in: A. Vittorio Vecchi, *La vita e le gesta di Giuseppe Garibaldi*, Zanichelli, Bologna 1910, S. 390 (deutsch in Auszügen unter dem Titel *Garibaldi auf Caprera. Erinnerungen des Obersten C. Augusto Vecchi*, Brockhaus, Leipzig 1862). Ich danke Lucy Riall für diesen Hinweis; vgl. ihr Werk *Garibaldi. Invention of a Hero*, Yale University Press, New Haven/London 2007.

129 *Giuseppe Garibaldi da Caprera ad Aspromonte, 1860–61–62. Memorie storiche raccolte da Felice Venosta*, Fratelli Terzaghi, Mailand, o. J., S. 50. Demnach waren die Blumen Veilchen, die in der christlichen Ikonographie ein Symbol der Demut sind.

130 Siehe unten S. 63.

131 Giuseppe Bandi, *I Mille: da Genova a Capua* (1886), Garzanti, Mailand 1977, S. 306f. Wir dürfen nicht vergessen, dass Bandi dieses Werk erst Jahre nach der Expedition veröffentlichte.

132 Ebd., S. 180 f.

133 Siehe dazu Michele Battini, *Peccati di memoria. La mancata Norimberga italiana*, Laterza, Rom/Bari 2003.

134 Percy B. Shelley, Brief an Thomas Love Peacock vom 6. April 1819, in: Ders., *The Prose Works*, Bd. 2, Chatto & Windus, London 1888, S. 288.

135 Patriarca, *Italianità*, a. a. O., S. 23.

136 Alessandro Manzoni, ›Betrachtungen über die katholische Moral‹ (1819), in: *Werke*, Bd. 6, Theatiner Verlag, München 1923, S. 86f.

137 Brief vom 20. Dezember 1829 an Fulvia Jacopetti Verri in: Giovan Carlo Leonardo Sismondi, *Epistolario*, Bd. 3 (1824–35), a. a. O., S. 72–74. Sismondi zeigt sich geehrt und geschmeichelt, dass ihm ein derart »zu Recht berühmter« Mann widerspricht, fügt aber maliziös hinzu, dass der Katholizismus erst durch Manzoni geadelt worden sei.

138 Carlo Cattaneo, ›Il clero‹, März 1855, in: Ders., *Scritti politici ed epistolario*, a. a. O., Bd. 2, S. 76f.

139 Cavours Religiosität untersuchte jüngst Roberto Pertici in: Paolo Macry u. a., ›»Cavour e il suo tempo« di Rosario Romeo‹, in: *Contemporanea*, Bd. 9 (2006), Nr. 2, S. 347–369.

140 Rosario Romeo, *Cavour e il suo tempo (1854–1861)*, Laterza, Rom/Bari 1984, S. 908–913.

141 Rede vom 25. März 1861, in: Cavour, *Società, stato e chiesa*, a. a. O., S. 257.

142 Rede vom 28. März 1861, in: Ebd., S. 246. Kursivierung des Autors.

143 Siehe hierzu die interessante Debatte bei Francesco Traniello u. a. (Hgg.), *Stato e Chiesa in Italia. Le radici di una svolta*, Il Mulino, Bologna 2009; sowie (aus einer anderen Perspektive) bei Ernesto Galli della Loggia/Camillo Ruini, *Confini. Dialogo sul cristianesimo e il mondo contemporaneo*, Mondadori, Mailand 2009.

144 Die Lateranverträge von 1929 umfassen drei Dokumente. Mit dem ersten wurde die Römische Frage endgültig gelöst: Die politische Unabhängigkeit des Staats der Vatikanstadt wurde anerkannt und der Katholizismus zur Staatsreligion Italiens erklärt. Das zweite sah die Zahlung einer einmaligen Entschädigung des italienischen Staates an den Vatikan als Wiedergutmachung für die Schäden vor, die der Kirche durch die Annexion Roms entstanden waren. Das dritte schließlich war das Konkordat, mit dem, um es mit den Worten der Kirche zu sagen, »Gott Italien und Italien Gott wiedergegeben« wurde. Mit ihm wurden der Kirche eine Vielzahl rechtlicher Privilegien im Bereich der Ehe, des Unterrichts, der Wirtschaft etc. zuerkannt. Zur Entwicklung des kirchlichen Denkens im 19. und 20. Jahrhundert siehe Daniele Menozzi, ›La Chiesa cattolica‹, in: Giovanni Filoramo/Daniele Menozzi (Hgg.), *Storia del Cristianesimo. L'età contemporanea*, Laterza, Rom/Bari 2009, S. 132–260.

145 Giorgio Candeloro, *Storia dell'Italia moderna*, Bd. 11, *La fondazione della Repubblica e la ricostruzione. Considerazioni finali*, Feltrinelli, Mailand 1986, S. 129.

146 Vgl. Piero Calamandrei, ›Articolo 7: storia quasi segreta di una discussione e di un voto‹, in: *Il Ponte*, Bd. 35 (1979), Nr. 2f., S. 233–244.

147 James C. Scott, ›Natura e dinamica della politica clientelare nell'Asia sud-orientale‹, in: Luigi Graziano (Hg.), *Clientelismo e mutamento politico*, Franco Angeli, Mailand 1974, S. 128.

148 Elisabeth Deniaux, *Clientèles et pouvoir à l'époque de Cicéron*, École Française de Rome, Rom 1993.

149 Emmeline W. Cohen, *The Growth of the British Civil Service, 1780–1939*, Frank Cass, London 1965 (1. Aufl. 1941), S. 112.

150 Amalia Signorelli, ›L'incertezza del diritto. Clientelismo politico e innovazione nel Mezzogiorno degli anni '80‹, in: *Problemi del Socialismo*, (1988), Nr. 2f., S. 258.

151 Leopoldo Franchetti, *Condizioni politiche e amministrative della Sicilia* (1876), Donzelli, Rom 1993, S. 40.

152 Ebd., S. 14.

153 Für Venetien vgl. Emilio Franzina, *La transizione dolce. Storie del Veneto tra '800 e '900*, Cierre, Verona 1991.

154 Norberto Bobbio, ›La fine della prima Repubblica‹ (Interview mit S. Vertone), in: *L'Europeo*, Bd. 46, Nr. 53 (28. Dezember 1990), S. 107.

155 Zur langen Tradition starker Familien in Südeuropa siehe David Reher, ›Family Ties in Western Europe: Persistent Contrasts‹, in: Gianpiero Dalla Zuanna/Giuseppe A. Micheli (Hgg.), *Strong Family and Low Fertility: A Paradox?*, Kluwer Academic Press, Dordrecht 2004, S. 45–76.

156 Das gilt insbesondere für die klassische Untersuchung von Percy Allum, *Potere e società a Napoli nel dopoguerra*, Einaudi, Turin 1975. Siehe auch Mario Caciagli u.a., *Democrazia Cristiana e potere nel Mezzogiorno*, Guaraldi, Florenz 1977; Luigi Graziano (Hg.), *Clientelismo e sistema politico. Il caso dell'Italia*, Angeli, Mailand 1979; Judith Chubb, *Patronage, Power and Poverty in Southern Italy*, Cambridge University Press, Cambridge 1982.

157 Della Porta/Vannucci, *Mani impunite*, a. a. O., S. 222. Die potentiell »positiven« Aspekte des Klientelismus für die Wirtschaft untersucht Simona Piattoni, *Il clientelismo. L'Italia in prospettiva comparata*, Carocci, Rom 2005.

158 Siehe dazu meine vor sieben Jahren erschienenen Bemerkungen in: *Berlusconi. Politisches Modell der Zukunft oder italienischer Sonderweg?*, Verlag Klaus Wagenbach, Berlin 2005; Gianpasquale Santomassimo (Hg.), *La notte della democrazia italiana*, Il Saggiatore, Mailand 2003; sowie das gerade erschienene Buch von Antonio Gibelli, *Berlusconi passato alla storia*, Donzelli, Rom 2010.

159 Carlo Tivaroni, ›Garibaldi e la dottrina della dittatura‹, in: *Rivista Storica del Risorgimento*, Bd. 2 (1897), Heft 7f., S. 669–671.

160 Norberto Bobbio, ›Democrazia e dittatura‹, in: *Enciclopedia Einaudi*, Bd. 4, Einaudi, Turin 1978, S. 553.

161 Tivaroni, ›Garibaldi e la dottrina della dittatura‹, a. a. O. S. 671.

162 Silvio Berlusconi, ›Discorso del 24 gennaio 2004‹ [Rede vom 24. Januar 2004], in: *Il Giornale*, 25. Januar 2004.

163 [Giovanni Gentile], Benito Mussolini, ›Fascismo‹, in: *Enciclopedia italiana*, Treccani, Rom 1932, Bd. 14, S. 847.

164 Juan J. Linz, ›Crisis, Breakdown and Reequilibration‹, in: Ders./Alfred Stepan (Hgg.), *The Breakdown of Democratic Regimes*, Johns Hopkins University Press, Baltimore/London 1978, S. 32.

165 Antonio Gramsci, *Gefängnishefte*, Bd. 8 [Hefte 16 bis 21], Heft 19, Argument Verlag, Berlin 1998, S. 1948.

166 Michael Merlingen u.a., ›The Right and the Righteous? European Norms, Domestic Politics and the Sanctions against Austria‹, in: *Journal of Common Market Studies*, Bd. 39 (2001), Nr. 1, S. 59–77.

167 Massimo d'Azeglio an Cesare Balbo, Spezia, 30. März 1849, in: Massimo d'Azeglio, *Epistolario 1819–1866*, Bd. 4, 1. Januar 1848 bis 6. Mai 1849, hg. von Georges Virlogeux, Centro Studi Piemontesi, Turin 1998, S. 331.

168 Banti/Ginsborg (Hgg.), *Storia d'Italia*, a. a. O., S. XXI.

169 Siehe dazu den Aufsatz von Eva Cecchinato/Mario Isnenghi, ›La nazione volontaria‹, ebd., S. 697–720. Vgl. auch Eva Cecchinato, *Camicie rosse. I garibaldini dall'Unità alla Grande Guerra*, Laterza, Bari/Rom 2007.

170 Siehe hierzu Marta Bonsanti, die diesen Aspekt am Beispiel der Familie Morosini aus Mailand untersucht: ›Amore familiare, amore romantico e amor di patria‹, in: Banti/Ginsborg

140

(Hgg.), *Storia d'Italia*, a. a. O., S. 127–152.

171 Simonetta Soldani, ›Il Risorgimento delle donne‹, ebd., S. 183–224.

172 Riall, *Garibaldi. Invention of a Hero*, a. a. O., S. 183f. und 241.

173 Brief Samuel Coleridges vom 14. Januar 1803, zitiert bei Richard Holmes, *Coleridge. Early Visions*, Penguin, Harmondsworth 1989, S. 343.

174 Ippolito Nievo, *Lettere garibaldine*, hg. von Andreina Ciceri, Einaudi, Turin 1961, S. 3, 4f., 17f.

175 Paolo Sylos Labini, *La crisi italiana*, Laterza, Rom/Bari 1995, S. 23, Abbildung 2. Zum Aufbau der italienischen Gesellschaft siehe vom selben Autor: *Saggio sulle classi sociali*, Laterza, Rom/Bari 1975; *Le classi sociali negli anni '80*, Laterza, Rom/Bari 1986. Das Bürgertum, das er sehr eng fasst (Kleinunternehmer ordnet er den Handwerkern zu), wuchs dagegen sehr viel langsamer: zwischen 1881 und 1993 von 1,9 Prozent auf 3,3 Prozent der Gesamtbevölkerung.

176 Istituto nazionale di statistica (ISTAT), *Italy in Figures 2007*, Istat, Rom 2007, S. 15.

177 Wie kompliziert die Mittelschichtforschung ist, zeigt Arnaldo Bagnasco in seinem Aufsatz ›Introduzione a una questione complicata‹, in: Ders. (Hg.), *Ceto medio. Perché e come occuparsene*, Il Mulino, Bologna 2008, S. 17–74. Sehr nützlich ist auch Antonio Schizzerotto, ›Trasformazioni e destini delle classi medie italiane‹, in: Raimondo Catanzaro/Giuseppe Sciortino (Hgg.), *La fatica di cambiare. Rapporto sulla società italiana*, Il Mulino, Bologna 2009, S. 101–131.

178 Die nachfolgenden Beobachtungen basieren mehr auf meiner persönlichen Erfahrung als auf wissenschaftlichen Untersuchungen, die bis heute weitgehend fehlen.

179 Gibelli, *Berlusconi passato alla storia*, a. a. O., S. 89f.

180 Amalia Signorelli, *Chi può e chi aspetta*, Liguori, Neapel 1983.

181 Dies., ›L'incertezza del diritto. Clientelismo politico e innovazione nel Mezzogiorno degli anni '80‹, a. a. O., S. 265.

182 In einer neueren Arbeit kehrt Arnaldo Bagnasco zu den Industrieregionen zurück, die Gegenstand weltweiter Untersuchungen waren. Bagnasco sieht hier, trotz aller Probleme und Einschränkungen, eine langfristig positive Entwicklung: »Das Wachstum wurde von den Mittelklassen in Gang gesetzt, die die lokalen Gesellschaften in einen Prozess der Marktmobilisierung einbezogen haben, welcher sich von der individuellen Mobilisierung zur Schaffung eines Konsenses grundlegend unterscheidet [...]. Die Mittelschichten mit ihrer kulturellen Hegemonie schufen jene neue Gesellschaft, die insgesamt ein größeres Maß an sozialer Integration und sozialem Zusammenhalts erreicht hat.« Zitiert nach Arnaldo Bagnasco, *Società fuori squadra. Come cambia l'organizzazione sociale*, Il Mulino, Bologna 2003, S. 134f. Bleibt zu fragen, inwieweit dieser Befund angesichts des Erfolgs der Lega Nord vor allem in der Lombardei und in Venetien heute noch zutrifft. Und nicht nur der politischen Soziologie stellt sich auch die interessante Frage nach den Beziehungen zwischen diesen verschiedenen Segmenten der Mittelschicht.

183 Cattaneo, ›Considerazioni‹, a. a. O., S. 616.

184 Antonio Gramsci, *Quaderni dal carcere,* hg. von Valentino Gerratana, Einaudi, Turin, Bd. 3, Quaderno 19, S. 2042 (deutsch unter dem Titel *Gefängnishefte,* Bd. 8 [Hefte 16 bis 21], Heft 19, a.a.O., S. 1975).

185 Der Aufruf (›Proclama‹) ist abgedruckt in: Vincenzo Fardello di Torrearsa, *Ricordi su la rivoluzione siciliana degli anni 1848 e 1849*, hg. von Francesco Renda, Sellerio, Palermo 1988, S. 62f.

186 ›Palermo e l'esercito regio, o i 24 giorno di guerra dal 12 gennaio al 4 febbraio‹, in: Giuseppe La Masa, *Documenti della Rivoluzione siciliana del 1847–48*, Bd. 1, Franco e Ferrero, Turin 1851, S. 53.

187 Giuseppe Cesare Abba, *Da Quarto al Volturno: noterelle d'uno dei Mille*, Zanichelli, Bologna, 1960 (deutsch unter dem Titel *Von Quarto zum Volturno. Tagebuchblätter von Giuseppe Cesare Abba, Einem der Tausend*, Duncker, Berlin 1901).

188 Giuseppe Mazzini, ›Della guerra di insurrezione conveniente all'Italia‹ (1833), in: Ders., *Scritti editi e inediti*, Bd. 3, Galeati, Imola 1907, S. 218.

Paul Ginsborg, geboren 1945 in London, Lehrstuhl am Churchill College in Cambridge, lebt seit 1992 in Italien und lehrt zeitgenössische europäische Geschichte an der Universität Florenz. Er ist Mitbegründer der Protestbewegung *Laboratorio per la democrazia*. Zahlreiche Publikationen, darunter eine große Geschichte der italienischen Gesellschaft und Politik von 1943 bis heute.

Paul Ginsborg   Wie Demokratie leben
Im Augenblick ihres globalen Siegeszuges 1989 erwies sich die Demokratie als ungenügend und viele ihrer besonders gerühmten
Vorzüge als inexistent. Ausgehend von einem fiktiven Dialog zwischen John Stuart Mill und Karl Marx stellt sich Ginsborg den not-
wendigsten Fragen der Demokratie heute. Unsere Demokratien, so
sein Fazit, müssen dringend reformiert werden, sei es in der Zivilgesellschaft, im Staat oder in der Europäischen Union.
Aus dem Italienischen von Friederike Hausmann
Deutsche Erstausgabe. WAT 581. 128 Seiten

Norberto Bobbio   Ethik und die Zukunft des Politischen
Der liberale Rechtslehrer und linke Philosoph Norberto Bobbio war
gut ein halbes Jahrhundert lang der Lehrer Italiens in Sachen Demokratie und Vordenker vieler heutiger Rechtsphilosophen. Der Turiner
Professor las in den Fünfzigern oppositionellen Kommunisten eben-
so die Leviten wie in den Neunzigern dem regierenden Fernsehpo-
pulismus. Dabei war es seine große Fähigkeit, philosophische und
juristische Fragen klar und verständlich darzustellen, die er oft in
Gegensatzpaaren wie Ethik und Politik diskutierte.
Aus dem Italienischen von Otto Kallscheuer und Annette Kopetzki
Herausgegeben und mit einem Vorwort von Otto Kallscheuer
WAT 622. 144 Seiten

Wenn Sie mehr über den Verlag oder seine Bücher wissen möchten,
schreiben Sie uns eine Postkarte (mit Anschrift und ggf. E-Mail). Wir
verschicken immer im Herbst die *Zwiebel*, unseren Westentaschenal-
manach mit Gesamtverzeichnis, Lesetexten aus den neuen Büchern
und Photos. *Kostenlos!*

Verlag Klaus Wagenbach   Emser Straße 40/41   10719 Berlin
www.wagenbach.de